MON PROF, CE HÉROS

MON PROF, CE HÉROS

Les Presses de la Cité

Le Code de la propriété intellectuelle n'autorisant, aux termes des paragraphes 2 et 3 de l'article L. 122-5, d'une part, que les « copies ou reproductions strictement réservées à l'usage privé du copiste et non destinées à une utilisation collective » et, d'autre part, sous réserve du nom de l'auteur et de la source, que les « analyses et les courtes citations justifiées par le caractère critique, polémique, pédagogique, scientifique ou d'information », toute représentation ou reproduction intégrale ou partielle, faite sans le consentement de l'auteur ou de ses ayants droit ou ayants cause, est illicite (article L. 122-4). Cette représentation ou reproduction, par quelque procédé que ce soit, constituerait donc une contrefaçon sanctionnée par les articles L. 335-2 et suivants du Code de la propriété intellectuelle.

« Le matin du monde », *Gravitations* de Jules Supervielle © Editions Gallimard, première édition 1925
Extrait de *Qu'ai-je donc fait* de Jean d'Ormesson © Editions Robert Laffont, S.A., 2008
© Presses de la Cité 2020
92, avenue de France – 75013 Paris
ISBN 978-2-258-19576-9
Dépôt légal : décembre 2020

Presses de la Cité | un département **place des éditeurs**

place des éditeurs

Sommaire

Note de l'éditeur 9

*Jean-Marc Mellière, classe de CM2,
année 1976*
   par Mohammed Aïssaoui................ 13
*Grincheux ? Timides ? Dormeurs ?
Joyeux ? Simplets ? Profs !*
   par Claude Aziza............................ 19
Des hommes et des femmes debout
   par Françoise Bourdon.................... 27
Monsieur Lefourne
   par Laure Buisson........................... 33
Maîtresses par Michel Bussi............... 41
*Ce moment où une langue
   devint vivante* par Kamel Daoud... 47

La dénonciation
  par Marie-Laure DELORME 55
La gifle de ma mère
  par Franz-Olivier GIESBERT 63
Le professeur qui m'a le plus marqué
  par Christian LABORIE 69
Max la légende par Philippe LABRO ... 81
Je me souviens de mes bons maîtres
  par Sébastien LAPAQUE 93
Des étincelles contre un donut
  par Susie MORGENSTERN 101
O Capitaine ! mon Capitaine !
  par Martine Marie MULLER 107
Les visions Philonenko
  par Anthony PALOU 121
Elle s'appelait Solange
  par Josyane SAVIGNEAU 127
Madame R. par Jean-Guy SOUMY 135
John et François par Yves VIOLLIER ... 143
Mort au combat par Michel WINOCK ... 149
Le prince des poètes par Sylvie YVERT ... 157
et
45, rue d'Ulm par Jean d'ORMESSON ... 167

Remerciements 171

Note de l'éditeur

Tous les Français ont été horrifiés par l'attentat perpétré par un terroriste islamiste contre le professeur d'histoire-géographie Samuel Paty. Comment peut-on mourir d'enseigner dans la France de 2020 ?

Cette tragédie réveille en chacun de nous le beau souvenir de tous ceux qui nous ont révélés à nous-mêmes. Une vie ne suffira pas pour leur manifester notre gratitude.

Pour ma part, l'histoire de Samuel Paty me renvoie aux années 90 en Algérie, mon pays. Tant d'instituteurs y ont été tués par les terroristes.

Comme le souligne Michel Winock, enseigner est un « métier de combat ». Ce combat pour la connaissance, il faut le soutenir plus que jamais. Avec d'autres plumes, parmi lesquelles plusieurs auteurs « historiques » des Presses de la Cité, l'historien a accepté de contribuer au recueil que vous avez entre les mains. La lecture de ces textes d'hommage s'avère aussi émouvante que stimulante. Ce sont des « histoires vraies » auxquelles nous sommes attachés aux Presses de la Cité.

Dans Presses de la Cité, il y a le mot « Cité ». Une maison d'édition comme la nôtre se doit d'agir aussi en acteur de la Cité.

Les bénéfices de cet ouvrage seront reversés à la Fondation Egalité des Chances – Institut de France qui, depuis 2012, œuvre à réaliser le potentiel des élèves issus des zones rurales, périurbaines et urbaines les plus défavorisées.

Plus que jamais, il faut « enseigner la compréhension entre les personnes comme condition nécessaire de la solidarité de l'humanité », pour reprendre le mot d'Edgar Morin, président d'honneur de la

Mon prof, ce héros

Fondation Egalité des Chances – Institut de France.

Sofia Bengana
Directrice des Editions
des Presses de la Cité

Journaliste, écrivain, Mohammed Aïssaoui collabore au supplément littéraire du *Figaro*. Son dernier roman, *Les Funambules*, a paru aux Editions Gallimard en 2020.

Jean-Marc Mellière, classe de CM2, année 1976

Mohammed Aïssaoui

Je ne sais pour quelles raisons, mais j'ai toujours gardé le contact avec mon maître de la classe de CM2, monsieur Mellière, c'était à l'école Gruet, à Ozoir-la-Ferrière, une petite ville de Seine-et-Marne. Nous nous téléphonons de temps en temps. Je suis déjà allé déjeuner chez lui. Ce n'est qu'aujourd'hui que je m'en rends compte : cela fait plus de quarante ans que nous maintenons ce lien… Je suis entré en CM2 l'année 1976. Je n'ai appris son prénom que tardivement : Jean-Marc.

C'est un maître qui m'a toujours marqué. J'ai cherché à comprendre pourquoi. Alors je l'ai appelé, pour en discuter. Je lui dis que, depuis tout ce temps, en fait je ne connais pas son parcours ni ne sais pourquoi il est devenu enseignant. Il me répond, avec sa voix enthousiaste qui n'a jamais changé malgré le temps qui passe : « Tu sais, ce n'est pas un hasard si l'on maintient un lien depuis aussi longtemps. On enseigne comme on est, et on ne peut pas séparer l'enseignement de son vécu personnel. Mes origines sont modestes, pas autant que les tiennes mais pas loin. Mon père était peintre en bâtiment, ma mère faisait des ménages. A cause de la Seconde Guerre mondiale, leur parcours scolaire a été perturbé, écourté. Ils n'ont pas pu faire ce qu'ils désiraient. Je n'ai pas connu mon grand-père qui a été gazé lors de la Première Guerre mondiale. Nos origines nous marquent à vie. Je suis né en 1950, même si c'était durant les Trente Glorieuses, c'était difficile. C'est moi qui ouvrais la porte aux huissiers, et je devais dire que ma mère n'était pas là – elle se cachait. Je m'étais dit que je ne voudrais jamais connaître cette existence-là. J'éprouvais un sentiment de revanche, alors j'ai investi à l'école. Et l'école m'a investi, car des enseignants ont cru en moi – c'étaient vraiment les hussards de la République. Ils m'ont accompagné, m'ont donné plus de travail pour que je progresse... Comme une sorte de reconnaissance de dette, j'ai voulu moi aussi exercer le métier d'enseignant. Mais dès mon entrée à l'Ecole normale d'instituteurs, j'ai été confronté à un immense fossé social avec les autres étudiants, des enfants de la classe moyenne ou de la petite bourgeoisie. J'avais un tel déficit culturel. Par exemple, quand il fallait raconter ses vacances ou une sortie au théâtre : dans les deux cas, j'inventais. »

A ce moment de la discussion, Jean-Marc s'arrête, et me lance : « Comme toi, je ne fréquentais pas les piscines... » Je pensais qu'il avait oublié cette anecdote que je n'ai racontée qu'à quelques proches. La première fois que j'ai découvert la piscine, c'était avec la classe de CM2. Je découvre en même temps les douches – ça ressemble à un urinoir dans mon esprit, alors j'urine, debout, content, devant tous les copains dans le vestiaire des garçons. Monsieur Mellière me voit. Au lieu de me disputer et de me mettre mal à l'aise devant les autres, mon maître m'explique gentiment à quoi servent ces douches et comment on s'en sert.

Jean-Marc Mellière s'est beaucoup occupé de classes dites difficiles. J'ignorais aussi que quand il était instituteur tous les mercredis il se rendait à la Sorbonne pour passer une licence d'histoire-géographie et de linguistique, qu'il a fait sa coopération au Lycée français de New York. « Je me sentais investi d'une mission, celle de donner aux enfants les outils linguistiques et culturels pour leur permettre de penser le monde. Pour devenir des citoyens. Maîtriser la langue, c'est pouvoir prendre la parole, être maître de ce que l'on fait, donner son opinion en argumentant… A l'école, et notamment à l'école primaire, je crois beaucoup à l'apprentissage des fondamentaux : savoir lire-écrire-compter. J'ai essayé de développer les valeurs de respect. Une main tendue mais ferme. »

J'ose lui poser la question qui m'obsède : sait-il comment j'ai appris aussi vite le français (j'avais moins de dix ans quand je suis arrivé en France et suis rentré à l'école) ? Pourquoi j'ai tant aimé la langue ? « Tu étais très intéressé par la langue française, me dit-il, je me souviens que tu essayais de comprendre et d'analyser des choses dont on ne pouvait pas toujours expliquer la logique. Je me souviens, par exemple, que tu voulais savoir pourquoi on mettait le plus souvent un *s* pour exprimer un pluriel. Tu voulais aller loin dans l'analyse de la phrase et la compréhension de la grammaire, cela donnait lieu à beaucoup d'échanges. »

L'école Gruet était située entre la cité HLM et le quartier baptisé « Résidence Vincennes », un bel ensemble pavillonnaire. C'était sans doute une chance. « Il faut qu'on arrête de ghettoïser l'école, s'agace mon maître. Si cela a tellement bien fonctionné pour toi, c'est parce que l'école accueillait aussi bien les enfants des HLM que des belles maisons, cette mixité a permis des miracles. Je voulais à tout prix que l'école unisse, qu'elle soit un lieu d'accueil et d'écoute. »

Ensuite, sans que je lui pose une question, il tient à ajouter : « J'étais très admiratif de ta mère, même si elle éprouvait une gêne à venir à l'école, un complexe social, une difficulté à s'exprimer en français, elle suivait le bon déroulement de ta scolarité. » Et quand bien même je pouvais me plaindre, elle donnait toujours raison à monsieur Mellière...

Auteur de dictionnaires et d'anthologies, Claude Aziza a longtemps été professeur de langue et littérature latines à la Sorbonne Nouvelle. Il a publié en 2019 *Le Dictionnaire du péplum* aux Editions Vendémiaire.

Grincheux ?
Timides ? Dormeurs ?
Joyeux ? Simplets ? Profs !
Claude Aziza

Je vous ai compris, respectés, admirés. Je ne vous ai jamais aimés. Vous n'étiez pas là pour ça. Moi non plus. Vous n'étiez ni parents, ni grands frères, ni boy-scouts, ni G.O du Club Med, ni animateurs de kermesse. Vous n'étiez rien de tout cela. Vous étiez des profs et vous étiez là pour me dispenser votre savoir. Avec rudesse et fermeté, gentillesse et intransigeance, autorité et bonté. J'étais là pour apprendre, vous étiez là pour enseigner. Un point c'est tout, avec les mille nuances que ce mot, « enseigner », veut dire.

Ce serait vous faire injure que de ne pas vous englober tous et toutes, dans cet hommage, instituteurs et institutrices, dont ma propre mère, dans cet Alger des années d'après-guerre. Je me souviens de tous vos noms, de vos tics et de vos plaisanteries, de votre patience et de votre conscience. Ecole primaire de la rue Négrier. Ensuite ce fut au lycée Bugeaud, lycée de garçons, comme il se doit, tandis que pour ma sœur, c'était le lycée Delacroix. Que de profs nouveaux et que de matières nouvelles ! Il fallait tout apprendre, sans trêve ni relâche. Ne pas faire, quelle que soit la matière, de fautes d'orthographe. Devenir, peu à peu, dans un climat de guerre, un adolescent, capable d'écrire, de s'exprimer, de réfléchir, de discuter, voire de critiquer. Bref un citoyen. Français de terre africaine.

Comment parler des profs qui ont façonné votre destin d'adulte sans parler un peu de soi ? Je devins, comme vous, prof à mon tour. Mais, paradoxalement, alors que l'histoire était ma matière préférée, je choisis d'être prof de lettres classiques, français, latin, grec. C'est ma sœur qui devint prof d'histoire-géo. Les cursus universitaires de l'époque ne permettaient pas de concilier l'amour de l'histoire et celui du latin ! Mais,

Mon prof, ce héros

pourtant, deux professeurs d'histoire-géo, aussi opposés que cela puisse être, me tracèrent cette voie. Tous deux devinrent célèbres, tous deux furent de grands professeurs. Il est temps de leur rendre hommage.

L'un, qui vit toujours (il est né en 1929), se nommait Yves Lacoste. Je l'ai eu en première. Je ne savais rien de ses opinions politiques et il n'en fit jamais état. C'était d'abord un géographe et, avec lui, j'ai compris ce qu'était un pays, ses frontières, ses paysages, ses ressources naturelles, ses habitants, son histoire. Je n'ai eu aucun rapport familier avec lui ; je me souviens seulement qu'en juin 1955 (je passais le premier bac), il était venu nous chercher à la sortie des épreuves pour nous réconforter.

J'ai eu plus de liens avec le second, jeune prof, lui aussi au lycée Bugeaud. Il se nommait (il est mort en 1992) Marcel Le Glay et je ne savais pas, quand je l'ai eu en cinquième, qu'il était déjà le spécialiste incontesté de l'Afrique romaine, dont il devint plus tard le plus brillant des historiens, au moment où, étudiant en lettres à la fac d'Alger, je voulus faire avec lui mon DES secondaire (Diplôme d'études supérieures) sur l'épigraphie ; ma sœur soutint, elle, son DES principal avec lui. Alors que je me destinais à une carrière littéraire, que je devins plus tard professeur de langue et littérature latines à la Sorbonne Nouvelle, Marcel Le Glay me fit découvrir, parfois traduire et commenter, des inscriptions, retrouvées dans les ruines de Tipasa, de la Carthage romaine, qui montraient dans le domaine religieux combien le syncrétisme était la caractéristique de l'*Africa romana.* Que les anciens dieux puniques étaient toujours là sous des noms romains. Or, qui dit syncrétisme dit tolérance. C'est ainsi qu'encore au Ve siècle le chrétien Augustin mentionnait qu'on entendait à l'office des mots puniques et que certaines sectes africaines mêlaient encore au christianisme des coutumes judéo-païennes. Ce fut sans doute ces leçons de Marcel Le Glay qui me firent soutenir une thèse sur les relations entre païens, juifs et chrétiens dans la Carthage du IIIe siècle. Ce fut aussi à Marcel Le Glay que je dus, quoique je fusse juif, cet amour tenace, qui a accompagné toute ma vie, pour la romanité en tous ses aspects, des plus austères aux plus ludiques.

J'ai revu une fois, il y a une vingtaine d'années, Yves Lacoste, au hasard d'une rue. Je l'ai salué, il m'a poliment répondu, sans me reconnaître. Je n'ai jamais revu Marcel Le Glay, mais je lui ai envoyé ma thèse et l'ai averti de ma nomination à la Sorbonne Nouvelle. Il m'a félicité courtoisement. Et nous en sommes restés là. Aujourd'hui pourtant, dans mes contacts avec des conservateurs de musées archéologiques, quand je déclare avoir été l'élève, puis l'étudiant de Marcel Le Glay, on me prête beaucoup d'intérêt. On ne l'a pas oublié. Moi non plus.

Yves Lacoste et Marcel Le Glay, chacun à sa façon, m'ont appris la raison et la tolérance. Aujourd'hui la raison est devenue déraison et la tolérance, pour parodier le mot de Paul Claudel, n'a plus de maison et n'est plus de saison. Aujourd'hui que l'intolérance est vertu et la déraison mode de vie, aujourd'hui que la culture gréco-romaine a été trahie et vendue à l'encan par ceux-là mêmes qui auraient dû la protéger, aujourd'hui que la trahison des clercs est consommée et, bien plus, assumée, aujourd'hui que l'inculture est fièrement revendiquée et que le savoir n'est plus qu'un accessoire relégué au musée des vieilles lunes, aujourd'hui qu'on a oublié cette Afrique romaine qui unissait les deux rives de la Méditerranée, aujourd'hui, je pense à vous, Yves Lacoste et Marcel Le Glay. Aujourd'hui, alors qu'on a sauvagement assassiné Samuel Paty, l'un d'entre nous, je pense à vous tous, profs d'histoire-géo, mais aussi profs de lettres, dont je fus l'élève. Je suis maintenant devenu l'un des vôtres. Je fais désormais partie du long cortège des ombres qui, toutes, apportèrent leur pierre au temple du savoir. Et aujourd'hui, je pleure, pour elles et pour moi, sur les ruines du temple.

Romancière, Françoise Bourdon a longtemps enseigné l'économie et le droit. *La Maison de Charlotte* a paru en 2020 aux Presses de la Cité.

Des hommes
et des femmes debout

Françoise BOURDON

Adolescents, nous ne mesurons pas toujours ce que nous devons à nos enseignants.

C'est l'époque où nous nous essayons à la révolte, jouons les incompris, où le professeur (comme souvent les parents, d'ailleurs !) appartient définitivement à un autre monde.

Et puis... il existe des exceptions. Un état de grâce. Face à certains professeurs, nous avons le sentiment d'être considérés comme des adultes à part entière, d'être invités à réfléchir et non pas à ingurgiter un savoir encyclopédique.

Monsieur P. était de ceux-là.

Je revois encore sa silhouette légèrement voûtée, son blouson de daim, sa barbe châtain, ses yeux bleu foncé marqués d'un fin réseau de ridules, et cette serviette en cuir qu'il posait sur le bureau de la classe – où lui-même ne s'installait jamais – après avoir lancé un chaleureux « Bonjour ! » à la cantonade.

Je revois aussi son écriture, petite et fine.

Chaque copie était annotée de rouge dans la marge et, sous notre nom, un résumé de plusieurs lignes rendait compte de notre travail au niveau du fond comme de la forme.

Rigueur, précision.

Il tenait, comme il nous l'avait expliqué au début de l'année, à faire de nous des citoyens.

Il était arrivé dans notre lycée en septembre 1969, l'année de ma première. Nous avions connu une classe de seconde joyeusement bordélique dans l'atmosphère effervescente de l'année 1968 et avions le sentiment, l'année suivante, de « rentrer dans le rang ». Nos enseignants, ceux de français et de maths en tête, étaient exigeants mais cela ne nous dérangeait pas vraiment.

N'étions-nous pas là pour obtenir le bac, ce sésame qui nous ouvrirait les portes de l'Université ?

Monsieur P. n'élevait jamais la voix. Il n'en avait pas besoin. Nous étions une bonne vingtaine à suivre ses cours d'allemand première langue, durant lesquels je ne me suis jamais ennuyée. Cela tenait à sa façon de faire ses cours, passionnée, vivante.

Il avait une marotte : nous faire disposer les bureaux et les chaises en cercle tandis que lui se tenait au milieu. Cet arrangement nous donnait l'impression de nous trouver au théâtre, ou sur une agora, et nous nous sentions tout à coup importants. Ou, plutôt, monsieur P. nous donnait l'impression que notre opinion était importante.

Nous parlions de tout, actualité, cinéma, littérature, poésie... en allemand, bien sûr, et étudiions notamment le théâtre de Brecht. J'ai gardé le souvenir de scènes entières du *Cercle de craie caucasien,* qui ont suscité en moi l'envie de m'intéresser à l'œuvre de Brecht et, ce faisant, aux auteurs qui se sont opposés au nazisme et ont été victimes d'autodafés.

Grâce à monsieur P., qui ne pontifiait pas, ne nous infligeait pas de longs sermons mais parlait, parlait, de tolérance, et du nécessaire combat contre « la bête immonde », exemples à l'appui, j'ai grandi avec la certitude que nous, jeunes lycéens, devions être des hommes et des femmes debout, prêts à défendre nos idées comme à exercer notre esprit critique.

Même si monsieur. P. ne grimpait pas sur le bureau, j'ai tout de suite pensé à lui en découvrant le film *Le Cercle des poètes disparus* et monsieur Keating, ce professeur délicieusement anticonformiste.

Comme lui, monsieur P. dérangeait.

Ses collègues, effrayés par tant d'audace (n'oublions pas l'époque !), sa hiérarchie.

Nous nous en moquions bien ! Il nous faisait cadeau de sa passion, de son esprit de tolérance, comme de sa bienveillance. Des présents inestimables, qui nous ont suivis tout au long de notre vie.

Je ne l'ai jamais revu, et c'est l'un de mes regrets. Le bac à peine obtenu, je me suis inscrite en fac de droit à Reims, ai quitté mes Ardennes, ne suis pas retournée à mon cher lycée Monge.

Mais je n'ai jamais oublié ce professeur qui m'a permis de me construire et de m'insurger contre les injustices, d'où qu'elles viennent.

Pensant à lui, je me remémore cette phrase de Malala Yousafzai[1], lors de son discours du 12 juillet 2013 aux Nations unies :

« Un enfant, un professeur, un livre, un crayon peuvent changer le monde. »

Merci à vous, monsieur P., pour votre leçon de vie.
Je ne l'ai jamais oubliée.

---

1. Prix Nobel de la paix en 2014.

Ancienne libraire, Laure Buisson est romancière. Son dernier ouvrage, *Pour ce qu'il me plaist,* a paru aux Editions Grasset en 2017.

Monsieur Lefourne
Laure BUISSON

Chiens perdus sans collier, de Gilbert Cesbron, découvert dans une maison de location de vacances ; *Lola Montès*, de Cecil Saint-Laurent, offert à mon père pour un plein d'essence à la station Total ; *Moi, Christiane F., 13 ans, droguée, prostituée…*, acheté deux francs cinquante sur un marché ; *Nana*, d'Emile Zola, trouvé dans le garage familial, et un nombre improbable de Barbara Cartland empruntés à ma grand-mère : adolescente, je lisais tout ce qui me tombait sous la main. Mais bien à l'abri dans ma chambre : au collège, mieux valait déambuler avec les clefs de l'antivol de sa 49,9 cm³ ou le dernier numéro de *Podium* qu'avec un livre si on voulait être accepté derrière les « préfas » – là où, le temps d'un morceau de Renaud, de Capdevielle ou de Téléphone, nous échangions nos Walkmans et organisions les boums.

Longue silhouette sèche drapée dans une blouse blanche dont dépassaient deux jambes de pantalon invariablement gris ou marron, visage émacié et barbiche grise taillée en pointe, monsieur Lefourne semblait échappé d'un téléviseur en noir et blanc. Il avait la réputation d'un professeur de français rigide, autoritaire et « ne collant que des cartons » (mauvaises notes) : les frères et sœurs aînés et les oncles et tantes de certains d'entre nous qui l'avaient eu en cours avaient chacun une anecdote effrayante à raconter. Pire : nos parents ne tarissaient pas d'éloges sur lui.

Il ne fréquentait pas les jeunes professeurs à l'allure d'étudiants – cheveux longs, jeans, chemises indiennes et Clarks – qui fumaient des roulées en buvant des cafés assis sur les tables de la salle des profs. Lui, était toujours dans sa classe au deuxième étage du bâtiment principal. A la sonnerie, nous devions nous mettre en rang dans le couloir et attendre en silence qu'il ouvre la porte puis, toujours en silence, chacun se rendait à sa place attitrée – par lui ! – et attendait à nouveau qu'il nous dise de nous asseoir. Sous nos airs de fiers-à-bras, nous nous pliions tous à ce rituel « préhistorique », y compris les plus insolents.

« Laure, pourriez-vous rester à votre place, s'il vous plaît ? » C'était à la fin de la dernière heure de cours, la semaine de la rentrée des vacances de la Toussaint. Monsieur Lefourne avait lancé ça, l'air de rien, en feuilletant des papiers. Je posai mon sac US Army sur le sol et me rasseyais. Vachement flippant ! Mes amis sortirent de la classe en me lançant des regards inquiets et interrogateurs, des sourires d'encouragement ou en faisant courir leur index sur la gorge. J'entendis même le début de la *Marche funèbre* aussitôt interrompu par un « Silence ! » tranchant. Tous étaient soulagés de ne pas être à ma place. D'ailleurs, moi-même je n'avais pas envie d'être à ma place. J'avais carrément les boules !

Monsieur Lefourne se planta devant moi et me tendit le devoir que nous avions rendu deux jours plus tôt : un compte rendu de lecture sur *Antigone*, de Jean Anouilh. Aïe, j'avais fait trop long ! Stupeur : en haut à droite un 18 sur 20 était cerclé de rouge. Je fermai et ouvris les yeux plusieurs fois. Le 18 sur 20 était toujours là. « Vous avez l'air d'avoir beaucoup aimé ce livre ? » Aimé ce livre ? Mais il n'existait pas de mot assez fort pour exprimer ce que j'avais ressenti ! Admiration pour Antigone, haine pour Créon, mépris pour Hémon et Ismène, larmes de colère contre l'injustice : un enchevêtrement de sentiments que je ne parvenais pas à démêler et je bouillonnais encore. Je me contentai de hocher la tête. « Et maintenant, que lisez-vous ? » Je balbutiai : « *La Nuit des enfants rois* de Bernard Lenteric. » « L'essentiel, c'est de lire... Allez, vous pouvez rentrer chez vous », lâcha-t-il, attrapant l'éponge pour essuyer le tableau. Il me rappela au moment où je passais la porte : « Venez me voir quand vous aurez terminé votre lecture, je vous donnerai d'autres idées... Et n'oubliez pas de travailler la grammaire et l'orthographe. Votre devoir est bien écrit, c'est dommage... »

Devant le collège, mes amis m'attendaient, impatients. Gros soupirs, grimaces et haussements d'épaules : j'expliquai entre deux bulles de Malabar que « Lefourne » m'avait donné des devoirs en plus à cause de ma dernière « caisse » (re-mauvaise note) en dictée. Ils s'apitoyèrent sur mon sort – l'honneur était sauf ! – puis nous passâmes sans transition au sujet qui nous « prenait la tête » : « monter une baraque » afin de voir *Evil Dead*, film interdit aux moins de dix-huit ans alors que nous en avions à peine quinze. Au dernier moment, nous nous décidâmes pour *La Soupe aux choux*.

Monsieur Lefourne était mon professeur de français en quatrième et en troisième, et durant ces deux ans, j'allai le voir régulièrement pour qu'il me conseille des livres. Au début, à l'insu des autres élèves. Puis, au fil du temps, ouvertement, puisque toute la classe avait appris à l'aimer : il nous avait emmenés au cinéma lors de la sortie des *Aventuriers de l'arche perdue* et au théâtre pour assister à une représentation des *Fourberies de Scapin* alors que nous étudiions la pièce ; il nous avait projeté

La Planète sauvage sur le mur de la classe, un film d'animation de science-fiction, après nous avoir demandé de lire *Ravage,* de Barjavel ; et une fois par mois, nous discutions d'un sujet d'actualité – l'assassinat d'Anouar el-Sadate, l'élection présidentielle française, la guerre entre l'Iran et l'Irak, la grève de la faim de Bobby Sands, l'abolition de la peine de mort… Il nous révélait le sujet quelques jours avant et nous nous préparions en lisant la presse. Pendant nos « débats », chacun était encouragé à intervenir et à argumenter. Et de fait, nous le faisions avec beaucoup d'enthousiasme et de sérieux.

Grâce à lui, j'ai donc découvert *Antigone* dont j'ai lu depuis toutes les adaptations tout en gardant toujours non loin de moi celle d'Anouilh avec sa couverture orange. Mais il y a eu aussi Maupassant, Dumas, Gautier, Colette, Rimbaud, Gary, Agatha Christie, Vian et tant d'autres qui m'ont embarquée loin de ma petite ville natale de province et ont su dompter mes angoisses d'adolescente en posant des mots simples sur des émotions parfois dévorantes. Toutes ces lectures ont enluminé mes journées de solitude avec des rêves de destins flamboyants, de destinations lointaines et d'aventures prodigieuses. J'ai pris conscience de mes désirs, de mes espoirs, de mes dégoûts et de la possibilité (de la nécessité !) de les exprimer. A la maison, j'ai commencé à intervenir dans les discussions « d'adultes » : pas sûr qu'à la fin du collège mes parents pensaient encore que monsieur Lefourne fût un excellent professeur ! Moi, j'en suis certaine : sans lui, je ne serais sans doute pas devenue celle que je suis.

Géographe de formation, longtemps professeur d'université, Michel Bussi est le deuxième auteur le plus lu en France. Il publie N.É.O., *La Chute du soleil de fer* (PKJ, 2020).

Maîtresses
Michel Bussi

Elles s'appellent Jeanine, Marie-Claude, Catherine, Corinne ou Caroline, Cécile ou Laurence,

elles sont ma mère, ma sœur et mes amies d'enfance,

elles sont les pilotes aux commandes de milliers d'avions secoués par les turbulences.

Hier, elles étaient des femmes se battant pour leur indépendance. Des femmes qui refusaient de se contenter du rôle de mère, persuadées qu'il était possible de faire rimer éducation et émancipation, hors des murs de la maison. Aujourd'hui, je les ai souvent croisées sur les bancs des amphis, elles sont les meilleures élèves des promotions de sociologie, lettres, ou géographie. Elles sont organisées et déterminées, et aucune mention brillamment décrochée ne les fera varier de leur projet, pas même la perspective d'un salaire plus élevé ou d'une carrière plus prisée. Elles veulent devenir maîtresses, institutrices, professeures des écoles, appelez-les comme vous voulez ! Elles veulent mettre leur talent et leur dévouement au service d'une classe d'enfants. Sans doute parce qu'elles ont compris que c'est ainsi qu'on changeait la vie

Elles travaillent, ah ça elles travaillent ! Elles n'arrêtent jamais ! Elles cogitent, elles inventent, elles n'ont pas attendu le confinement pour télétravailler, pour préparer des devoirs le soir, pour corriger des copies le samedi, pour ramasser des fleurs et des branches le dimanche, tout ce qui pourra servir le lundi. Elles en sont même un peu pénibles, pour la famille, à ne jamais décrocher.

Elles s'en fichent, elles ne se plaignent pas ! Elles ne sont pas aigries ! Enfin, contre le système, si ! Elles sont en colère contre le ministère, les administrations, les empêcheurs d'enseigner en rond, mais si elles grognent contre les réformes, c'est justement parce que personne ne leur apprendra comment apprendre. Elles sont les seules maîtresses à bord, princesses de leurs petits royaumes qu'elles seules gouvernent. Gardiennes de leur palais protégé, loin des violences qui les cernent. Elles continuent d'y affirmer, contre la terre entière, qu'il faut faire confiance à la connaissance, la tolérance, la solidarité et l'humanité… et leurs petits élèves les croient ! Vraiment ! Jusqu'à dix ans !

Aux manifs, elles retrouvent les copines. Elles ne sont pas naïves, elles savent bien que leur pouvoir s'arrête aux murs de leurs classes, qu'elles ne changeront pas le monde, seulement vingt-cinq petites têtes brunes ou blondes, allez trente, elles manifestent aussi pour cela, puis elles s'assoient en terrasse pour causer du métier. Je vous l'ai dit, elles ne décrochent jamais.

Aujourd'hui, c'est vrai, elles sont de plus en plus souvent des hommes. On les appelle *maîtres*, le mot n'est pas très beau, mais il n'est pas facile à masculiniser. On les prénomme alors Franck, Olivier, Sylvain, François ou Pierre. Quand les maîtresses sont des maîtres, ils portent moins souvent la barbe qu'avant, ils sont également moins sévères qu'avant, ils sont des hommes qui aiment jouer, s'accroupir à hauteur de gamins, expliquer avec douceur et répéter avec patience.

Mais mes instits à moi, elles s'appellent Jeanine, Marie-Claude, Catherine, Corinne ou Caroline, Cécile ou Laurence. Elles sont les capitaines de milliers de bateaux secoués par la tempête. Elles ont la responsabilité de vingt-cinq, allez trente passagers, quand les parents sont deux pour s'occuper d'un seul, ou de deux ou trois… et n'y arrivent pas !

Elles apprennent à lire, à compter, à penser. Elles voient passer des futurs médecins, des futurs comédiens, des futures maîtresses aussi, beaucoup rêvent de devenir comme elles, des petites princesses-maîtresses. Elles voient aussi passer de futurs galériens du quotidien, de futurs crétins qui ne se souviendront de rien, des vies gagnées ou des vies gâchées, des surdoués et des bouchés, mais pendant un an, elles les ont tous aimés.

Elles les ont tous élevés au plus haut de leurs possibilités.

Elles laissent une trace indélébile dans nos vies. Elles nous élèvent bien davantage que nos parents, pendant un an. Elles le savent, mais ne s'en vantent pas. Oui, elles changent la vie, avec humilité, comme le poète l'avait chanté. Elles sont pilotes, capitaines et princesses, elles portent la plus lourde des responsabilités : éviter à chaque enfant de s'échouer.

Chacun, ensuite, choisira son île. Le monde, la France, n'est plus qu'un archipel. Mais dans leur royaume, le temps d'une année, sept ou huit fois répétée, des princesses-maîtresses se sont penchées sur nos cerveaux, comme autant de fées sur nos berceaux.

Merci ! Sept ou huit fois merci !

Si ma maman, ma sœur et mes meilleures amies n'avaient pas exercé ce métier, ne m'avaient pas fait partager leur douce utopie, leur tendre folie, leur insubmersible énergie... aurais-je écrit mes romans avec autant d'empathie ?

Kamel Daoud, romancier, auteur de nouvelles, est aussi journaliste et chroniqueur. Son dernier livre est un récit : *Le Peintre dévorant la femme* (Stock, 2018, et Actes Sud – Babel, 2020).

Ce moment
où une langue devint vivante
Kamel Daoud

Quand une langue vient-elle à naître chez un écrivain ou un lecteur ? On adore interroger les écrivains sur ce moment inaugural, cette découverte de l'envie de « livres », cette éclosion de la digression qui est l'essence même de la littérature. « Cela vous vient de vos lectures ? » interroge-t-on. « D'un livre en particulier ? » « D'un maître ? » « D'une généalogie d'influenceurs (oui, le mot existe avant Internet et désigne non la brièveté d'une mode mais l'éternité de la généalogie) ? » On se plaît alors, sous la lumière du jour et les questions du journaliste, à creuser ses raisons et à multiplier les pistes. Il faut toute une vie cependant pour être sincère sur les choix, l'amour ou la colère qui vous traversent comme un courant du destin. Pour moi, je me le demande encore. Peut-être que c'est ce moment-là que je vais raconter.

Dans le village algérien où j'ai grandi, au début des années 80, l'école est une religion d'espérance contre la misère et le manque. La troisième après celle de Dieu et la guerre d'Indépendance et ses martyrs. J'y fus envoyé par mes parents qui espéraient un avenir meilleur, moins laborieux, pour leurs enfants. J'y brillais à vrai dire, mais inquiet de trop m'exposer aux autres écoliers, j'atténuais souvent mes succès. On le sait : la jungle, et ses lois, inaugure l'enfance. La ville et les lois de la cité viendront plus tard. A l'époque je commençais déjà à soupçonner la puissance des livres pour lutter contre l'ennui et l'impossibilité de voyager hors de mon village natal. Dans un roman, le monde était déjà plus vaste que dans le récit du village et de ses habitants les plus drôles. J'étais un enfant maigre, sans force physique, placé tout en bas de la hiérarchie musculaire par les autres écoliers. En vérité, le « grade » me plaisait : j'étais ainsi dispensé de la concurrence et négligé par l'adversité.

Un jour, cependant, ma professeure d'anglais (non, je ne me souviens pas de son nom) m'appela à son bureau, en plein cours, car j'avais osé mener à son terme hystérique un fou rire irrespectueux, surjoué, forcé comme une preuve d'insolence qui pouvait m'attirer, faute d'admiration, de la part du groupe des plus violents, ceux qui vous attendent à la sortie de l'école, un peu de charité. Lâche et donc tenté par l'audace, je fus coupable de proférer je ne sais quelle plaisanterie à voix haute. La « Maîtresse » me fit signe, visage fermé, de venir à son bureau. Le silence se fit dans la salle. « Qui commande ici ? » me lança-t-elle. La réponse fut irréfléchie, c'est-à-dire non soumise à la réflexion. Comme naturelle, elle fusa. « Vous. » Je vis alors le visage de « Maîtresse » se figer, glisser lentement vers l'amusement et la surprise, se teinter d'une sorte de tendresse et d'admiration. On était dans un village où la maîtrise du français était très rare, encore plus chez un écolier de onze ans, et le vouvoiement, comme égard, comme preuve d'instruction, comme usage de politesse ou comme sens de la hiérarchie, n'y était pas connu. En user laissait entrevoir une maîtrise peut-être, une passion de la langue, l'enfant intelligent que l'écolier amuseur des foules voulait cacher. Dans son regard je surpris tout cela, et encore plus : son intuition de ce que j'étais, de ce que je cachais et de ce que je tentais de cacher. Son beau visage s'éclaira d'un grand sourire. Je le vis se lever et se répandre, encadré par sa longue chevelure noire. « Maîtresse » se découvrit dans une sorte de mélange de beauté, de maternité et d'inquiétante promesse faite aux sens. Je me sentis déstabilisé, confus. J'ai un peu tremblé et, sous son regard doux, je revins à ma « table ».

Ce fut, je le crois maintenant, ce moment qui me révéla l'essentiel : la jonction entre la langue et la séduction. Je savais que la langue française était liée au savoir, au voyage, à l'aventure, et même, intimement, à la sexualité promise. Mais je n'avais jamais vécu une preuve vivante du lien entre la beauté et la langue, la langue et la femme. Je découvris alors subitement, dans l'obscurité de la préadolescence, le lien possible, à nourrir, avec la séduction. Quelque chose s'illumina avec cette association : je pouvais plaire par l'usage d'une langue heureuse et maîtrisée. Je pouvais séduire et une femme pouvait être sensible à cela. Le croirait-on aujourd'hui ? C'est ma « Maîtresse » d'anglais qui me donna la preuve que la langue française était une langue vivante ! Peut-être que je me trompe, mais je veux le croire aujourd'hui. Et j'y crois. C'est ce qu'on appelle, je pense, l'éveil des sens.

Je ne me souviens pas de tout, à peine du visage de cette professeure, à peine du ciel de ce jour dans le village, mais je me souviens de ce lien électrique. Une parenté me fut proposée et prouvée, une reconnaissance due à l'usage du pluriel respectueux, une tendresse avait transité par un pronom. J'exagère, oui, et l'exagération est une forme de l'amour. C'est mon souvenir le plus net cependant, ce moment où une maîtresse d'école me transmit le message suivant : je pouvais être reconnu si j'usais avec précision de la langue ; je pouvais raconter, devenir célèbre, exprimer ma liberté et la préserver. Chemin tortueux du désir et de la mémoire : j'avais déjà lu, en cachette, des livres et des romans. Il manquait que je fasse l'expérience d'un fruit interdit et d'une madeleine qui deviendra un trophée mnésique. Je ne sais ce que vous êtes devenue, mais j'use encore du « vous » pour m'en souvenir, Maîtresse. Cela m'initia à de silencieux désirs.

Marie-Laure Delorme est journaliste au *Point*. Son dernier ouvrage paru est *Parce que c'était lui, parce que c'était moi* (Grasset, 2019).

La dénonciation
Marie-Laure Delorme

Il était tout rouge et je n'ai jamais aimé le rouge. Un petit couteau de poche multifonction. Tout rouge avec une croix suisse dessus. Le modèle exact m'est inconnu. Nous l'avons toutes aperçu de loin, brandi comme un poing. Je ne peux pas en voir un aujourd'hui sans repenser à cette vieille histoire. J'étais adolescente passe-partout, pensionnaire en province, les cheveux coiffés n'importe comment. Je revenais chez moi le week-end. Paris était chez moi. Le pensionnat était catholique. La région est toujours aussi belle. Nous étions une trentaine de filles. Entre trois et quatre par chambre. Le soir, on parlait des garçons et de rien d'autre. La surveillante inspectait les lieux en début et en fin de journée. On remontait faire son lit, le matin, quand les plis se dessinaient sur la couette comme des vagues.

Un soir de la semaine, vers 21 heures, la surveillante nous a toutes sommées de sortir de nos chambres. Alignement de petits soldats en pyjama dans le couloir du pensionnat. Elle avait trouvé un couteau suisse multifonction de poche dans les douches. Laquelle d'entre nous l'avait oublié là ? Le petit objet rouge brillait dans ses mains. Nous n'avions pas le droit d'être en possession d'un objet coupant. Le ton n'était pas vindicatif. La surveillante comprenait très bien que nous ayons un tel objet sur nous. Pour se limer les ongles, couper une pomme en parts égales, se sentir en sécurité, décapsuler une bouteille. Aucun problème. Il suffisait que l'une d'entre nous reconnaisse en être la propriétaire pour que l'on passe à autre chose. L'adolescente serait dans la simple obligation de rapporter l'objet chez elle. L'affaire était réglée.

L'affaire n'était pas réglée. Personne n'avouait être la propriétaire du canif de poche. Par peur, par timidité, par honte, par méfiance. Peut-être par indifférence. Je ne sais pas. On n'accorde pas assez de place à l'indifférence dans les relations humaines. L'histoire est devenue une affaire. Nous avons été questionnées une à une. Les chambres ont été fouillées, les menaces ont été proférées. Les sanctions ont été innombrables. Privées de ci, privées de ça. Nous ne parlions plus que de cette histoire entre nous. Il nous arrivait quelque chose. Nous échangions des noms, nous avancions des pistes. Nous savions, nous ne savions rien. L'histoire grossissait, débordait, mentait. Elle créait des dissensions et des rumeurs. La direction de l'école ne voulait pas céder. Qui était la propriétaire de l'inoffensif petit couteau suisse ? Nous doutions de tout, de nous-mêmes.

J'étais la dernière de ma classe en mathématiques. Je restais tous les jeudis soir avec mon professeur, et deux autres élèves, dans une salle de l'école. Nous refaisions à l'infini les exercices où nous avions échoué. J'étais la dernière des trois derniers. J'adorais mon professeur de mathématiques. Il disait : « Là où je passe, la difficulté trépasse » et puis il m'interrogeait : « Sauriez-vous définir le verbe trépasser ? » Il était extrêmement sévère et ironique en tout. Les tenues, le langage, les devoirs, la politesse. Il nous aimait bien. Nous étions trois petits cancres, avides de bien faire. Je trouvais extraordinaire de pouvoir être à la fois nulle et aimée.

Un jeudi soir comme un autre, avant le début du cours de rattrapage, nous conversions entre nous de l'affaire des douches. Notre professeur est arrivé. Il nous a demandé de quoi nous parlions avec une telle excitation. Le mot bien choisi d'« excitation », vexant, aurait dû nous mettre sur la piste d'une désapprobation. Nous avons avoué discuter de l'affaire du couteau de poche, abandonné par on ne sait qui dans les douches du pensionnat. Nous avons proclamé : « On pense savoir à qui il appartient. » Il s'apprêtait à noter des équations au tableau et il s'est aussitôt retourné : « Et si ce n'était pas une hypothèse, mais une certitude, dénonceriez-vous votre camarade ? » Le silence s'est installé. On a sorti nos cahiers, nous avons commencé l'exercice.

J'ai vieilli et je pense à lui. J'ai pensé à mon professeur quand un ami m'a fait lire *Matteo Falcone,* de Prosper Mérimée, sur un père corse pour qui le pire crime est celui de cafarder ; j'ai pensé à mon professeur quand j'ai appris qu'un élève avait désigné Samuel Paty au terroriste par appât du gain. Je pense à mon professeur chaque fois que la dénonciation remplace la discussion. Samuel Paty souhaitait discuter, confronter, parler, démontrer, éclairer. Il ne voulait pas dénoncer, il voulait expliquer. C'est le cœur de l'enseignement.

J'ai un peu progressé en mathématiques, grâce à notre professeur. Nous n'avons jamais su à qui appartenait le couteau de poche, avec une croix suisse dessus. S'il avait été à moi, par peur, par timidité, par honte, par méfiance, je ne me serais peut-être pas dénoncée moi-même. Aujourd'hui, je me demande où il est. Combien de temps vivent ces petits objets de survie ?

Mon prof, ce héros

Je pense à mon professeur. Sa sévérité m'a légèrement imprégnée. Ses valeurs étaient celles de l'honnêteté. On perd les objets, on garde les phrases.

Franz-Olivier Giesbert est écrivain, éditorialiste au *Point*. Son dernier ouvrage paru est *Dernier été* (Gallimard, 2020).

La gifle de ma mère

Franz-Olivier Giesbert

J'avais sept ans. Chaque matin, je prenais le « pont du chemin de fer », comme on l'appelait. Il franchissait la Seine entre Saint-Aubin-lès-Elbeuf où j'habitais et Orival où était mon école. Un passage cyclable et piétonnier doublait la voie ferrée.

C'était un long trajet que je faisais à pied, bientôt à vélo, sur un sentier envahi par les broussailles, luxuriant à la belle saison, avant de retrouver, sur le pont, les brumes matutinales qui, après avoir dormi toute la nuit au-dessus de la Seine, commençaient à s'ébrouer à la lumière du jour. Ce périple au milieu de la beauté du monde avait tout pour calmer, apaiser.

Mais j'étais un sale gosse. Ayant pris en grippe mon instituteur, un jeune homme assez autoritaire avec des épaules de boxeur, je menais contre lui une guerre débile et sans répit à coups d'insolences ou de tentatives, toujours avortées, de lancer des chahuts. Un jour, après que j'eus interrompu son cours par « une réflexion » qui avait fait rire toute la classe, il me jeta une craie à la figure. Le coup fut si violent qu'il laissa des traces de beurre noir sur le contour de mon œil gauche, le plus petit des deux, celui qui avait pris un coup de spatule lors de ma naissance.

Le soir, en rentrant à la maison, j'avais vivement protesté auprès de ma mère en l'assurant de mon innocence et en prétendant que je ne voyais quasiment plus de mon petit œil. J'attendais qu'elle aille protester contre ce crime doublé d'une injustice auprès de la directrice de l'école d'Orival. Ayant sans doute senti que je surjouais les dommages visuels du coup de craie et connaissant mes anciens différends avec mon instituteur, elle défendit sa cause : « Je le connais bien. C'est quelqu'un de très posé. Je suis sûre que tout est de ta faute : tu l'as poussé à bout.

— Maman, hurlai-je, c'est lui qui m'a poussé à bout.

— Comment peux-tu penser que je vais te croire ? Mais pour qui te prends-tu ? »

Alors, ma mère m'a donné l'une des rares gifles, sinon la seule, qu'elle m'ait jamais données. Une sublime et inoubliable gifle qui a suffi pour m'apprendre pour toujours le respect. Sur le coup, je fus mortifié, scandalisé, mais ce soufflet m'a fait peu à peu prendre conscience, par la suite, de la stupidité de mon attitude avec mon instituteur : si je ne pouvais même pas abuser ma mère, qui allait m'écouter ? C'était un temps que les moins de cinquante ans ne peuvent pas connaître, le temps d'avant le « soixante-huitardisme » quand le prof avait toujours raison ou bénéficiait à tout le moins de la présomption d'innocence, contrairement à ce qui se passe aujourd'hui.

Ma mère était prof. Il suffisait de la regarder travailler pour comprendre que son métier était un sacerdoce. J'étais fasciné par son dévouement, son humeur égale, sa force de travail. Tous les dimanches à préparer les cours de la semaine pour le lycée d'Elbeuf où elle enseignait la philosophie. Au petit matin, les copies des élèves étalées sur la table de la cuisine avec des taches de café au lait, après qu'elle les eut corrigées toute la nuit. Pendant ses leçons, pour celles que j'ai suivies, j'ai assisté à ses combats de tous les instants pour empêcher le moindre début de chahut, comme ceux qui pourrissaient la vie de certains de ses collègues. Les goûters champêtres, dans la ferme familiale du Roumois, avec d'anciens disciples qui venaient lui parler de leur avenir, de leurs problèmes de cœur. Les réunions qui la soûlaient avec les parents d'élèves qui n'avaient pourtant rien à voir avec les tyrans hystéros d'aujourd'hui.

Quand elle en avait fini avec le lycée, ma mère mettait ses talents pédagogiques au service des fermières ou des femmes de ménage du voisinage qu'elle initiait aux règles de la contraception. Plus tard, quand elle devint adjointe aux affaires sociales à la mairie d'Elbeuf, elle disait leurs droits aux gens de peu. C'était plus fort qu'elle, il fallait toujours qu'elle enseigne et qu'elle apprenne.

Mon prof, ce héros

Nous avons tous dans nos têtes des propos de professeurs qui, des décennies plus tard, continuent de mener nos pas. J'ai eu la chance d'en avoir beaucoup de ce genre à l'école puis au lycée d'Elbeuf, des « Monsieur Pinard », « Madame Haquet », « Monsieur Seguin », mais j'ai surtout eu la chance d'avoir ma mère parmi eux. Elle répétait volontiers des mots dont j'aime me ramentevoir, l'âge venant : « On n'est jamais trop vieux pour apprendre ni trop jeune pour enseigner. Il n'y a pas d'âge pour ça. »

Romancier, Christian Laborie a été professeur d'histoire-géographie. Il a publié en 2020 aux Presses de la Cité *Les Enfants de Val Fleuri*.

Le professeur qui m'a le plus marqué

Christian LABORIE

Il est très important pour un enfant issu d'un milieu modeste, qui plus est entouré de camarades aux parents aisés, de se sentir soutenu par quelqu'un qui détient le savoir et qui, à ses yeux forcément naïfs, possède une aura qui fait de lui un être hors du commun. J'étais cet enfant à mon entrée au lycée. Je suis d'une époque où l'on était accepté en classe de sixième après examen et pour un long cursus qui menait au baccalauréat. Lors de mon inscription, j'ai immédiatement pris conscience que je partais pour un parcours ardu de sept ans au moins qui m'ouvrirait ensuite la porte de l'Université. Personne encore dans ma famille n'y avait accédé. Mon propre frère a travaillé dès l'âge de quatorze ans, comme c'était très fréquent dans les années 1960.

J'ose avouer que je n'ai jamais beaucoup aimé toutes ces années de lycée. L'ambiance très austère de mon établissement, l'aréopage des professeurs qui y dispensaient leur discipline, la course au mérite qui y régnait ne m'aidèrent pas beaucoup à m'y sentir à l'aise. J'allais à certains cours – le latin, l'allemand, les sciences physiques – la boule au ventre, redoutant d'être interrogé et de ne pas savoir répondre convenablement, d'être la risée de mes camarades.

Et pourtant je n'ai jamais quitté le monde de l'enseignement puisque je suis devenu moi-même enseignant à l'âge de vingt-deux ans. Professeur d'histoire-géographie avant d'être écrivain à quarante-six ans.

Qu'est-ce qui m'a donc attiré dans ce milieu qui m'a mis aussi mal à l'aise pendant toute ma scolarité secondaire ? Je n'ai pas essayé de conjurer quoi que ce soit comme pour me prouver que je devais dépasser mes craintes. Je ne me suis pas non plus rabattu, comme c'est malheureusement le cas trop souvent pour ceux qui poursuivent des études littéraires, sur une profession qui m'assurait vacances et garantie de l'emploi. Je ne suis pas devenu un enseignant par défaut. J'ai adoré mon métier et lui ai consacré une grande partie de ma vie avec beaucoup de reconnaissance pour ceux qui m'ont donné envie de l'exercer.

Parmi ceux-ci, un professeur a transformé ma vision de l'enseignement et m'a appris à aimer une discipline pour laquelle je n'éprouvais aucune attirance particulière : l'histoire-géographie. Jusqu'alors, j'étais un élève moyen dans cette matière que je trouvais rébarbative, parce qu'elle nécessitait un travail lourd d'apprentissages – c'était l'époque du par cœur –, et parce que je n'en saisissais pas la finalité.

Il m'a fallu attendre la seconde pour que tout change d'un coup. Et cela grâce à un enseignant que ma classe a eu le bonheur d'avoir et d'apprécier. Jusqu'à ce jour, dans ce domaine, je n'avais eu que des professeurs qui demeuraient assis derrière leurs bureaux et qui nous dispensaient leur savoir sans réelle conviction, se contentant de nous dicter d'interminables résumés, ou qui nous demandaient de lire à haute voix le manuel pendant la plus grande partie du cours. Les relations qu'ils entretenaient avec les élèves étaient peu chaleureuses, distantes, empreintes d'un certain mépris pour ceux qui leur donnaient l'impression de ne rien comprendre ou retenir. Certains étaient agrégés. Ils ne connaissaient que leur matière et n'avaient jamais appris à l'enseigner – comme ce fut très longtemps le cas dans l'Education nationale qui a envoyé des milliers de jeunes professeurs devant leurs classes sans aucune formation.

Monsieur M. était âgé d'une vingtaine d'années. Dynamique, proche de ses élèves, cet enseignant a immédiatement illuminé mes cours d'histoire-géographie. Il parlait beaucoup et savait rendre sa discipline attrayante et vivante en nous racontant des anecdotes, des faits divers en rapport avec ce qu'il nous expliquait. Il osait s'écarter des sacro-saints programmes officiels, prendre des chemins détournés pour attirer notre attention, nous faire découvrir ce que les livres taisaient. Il cherchait le meilleur de chacun d'entre nous pour nous motiver en nous interrogeant intelligemment, sans nous offenser quand nous nous trompions, sans se moquer de nous. Car il n'est pas plus grande source de malaise pour un jeune, qui donne tout ce qu'il peut, que d'être rabaissé par son professeur devant ses camarades.

Charismatique, sévère sans excès et pourtant craint par ses élèves, il imposait son autorité sans avoir besoin d'user de menaces de sanctions. Il montrait beaucoup de bienveillance avec nous, il nous respectait et nous le respections. Il n'avait jamais dans la bouche un mot vexatoire, une parole méprisante, même lorsqu'il réprimandait l'un d'entre nous pour son comportement, encore moins lorsqu'il nous rendait un mauvais résultat. Il trouvait toujours la remarque intelligente pour nous expliquer nos erreurs et nous encourageait quand notre travail était en dessous de la moyenne, reconnaissant si nous étions en progrès. De ce fait, nous appréhendions moins l'arrivée des compositions, épreuves redoutées entre toutes qui tombaient chaque fin de trimestre et étaient les seules comptabilisées pour notre passage dans la classe supérieure. J'ai beaucoup souffert de l'attitude de certains professeurs qui faisaient preuve de partialité et d'injustice en fonction des résultats qu'ils nous attribuaient.

Je me souviens de sa façon d'être en cours. Lorsqu'un élève bavardait en catimini au fond de la salle, il s'arrêtait de parler, le sourire narquois. La classe était alors brutalement plongée dans un silence pesant. Nous devinions que quelque chose d'anormal se produisait. L'élève bavard se retrouvait sous le feu des projecteurs réprobateurs de ses camarades. Quand il réagissait, monsieur M. le fusillait du regard et n'avait pas besoin d'intervenir davantage, l'élève se calmait et rentrait dans le rang.

Par rapport à nos autres professeurs, monsieur M. nous paraissait beaucoup plus proche de nous. Je revois sa manière de se tenir en classe. Très décontracté, il était l'un des rares enseignants à ne pas porter costume et cravate. Ce n'était pas encore la mode du jean, mais il osait venir au lycée en pantalon de velours côtelé, pull à col roulé et blouson de cuir craquelé. Il possédait une vieille 2 CV Citroën qu'il garait devant la porte d'entrée des élèves – ce qui ne manquait pas d'attirer notre attention –, tandis que ses collègues préféraient utiliser le parking réservé au personnel du lycée et pénétraient dans l'établissement par la grande porte interdite aux élèves. En classe, il avait l'habitude de s'asseoir sur le bord de son bureau pour être plus près de nous, pour mieux communiquer même avec ceux qui se plaçaient au fond. Il posait son paquet de cigarettes à côté du cendrier qui trônait sur l'autre bord, mais ne se permettait jamais de fumer en classe – ce qui, au demeurant, n'était pas interdit à l'époque. Il commençait sa séance en nous racontant quelque chose qui l'avait marqué dans les jours précédents. Puis il enchaînait en nous questionnant. Je pris conscience plus tard que, bien avant l'heure, c'était sa manière à lui de nous amener adroitement à la problématique de la leçon du jour.

Sa rigueur pouvait paraître exagérée à ceux qui n'aimaient pas les contraintes. Je le vois au tableau écrire au fur et à mesure du déroulement du cours les titres correspondant aux grandes idées qu'il développait comme une véritable démonstration : titres principaux en rouge, sous-titres en vert, titres secondaires en bleu, tous numérotés et en décalé. Quand nous lisions le plan du cours, nous comprenions où il avait voulu nous emmener. Tout était lumineux. Il nous suffisait de mémoriser le plan pour retrouver les détails de la leçon. Par la suite, j'ai toujours procédé à sa manière et l'ai inculquée à mes propres élèves – beaucoup d'entre eux d'ailleurs s'en souviennent encore et m'avouent que ça les a beaucoup aidés dans leurs études.

Monsieur M. pouvait se montrer très proche de ses élèves. J'en veux pour preuve deux anecdotes que j'ai gardées en mémoire. Lors du repas de midi, au lieu d'aller déjeuner avec ses collègues au réfectoire réservé aux enseignants, il restait dans notre salle de classe – chaque classe se voyait attribuer au début de l'année une salle et c'étaient les professeurs qui se déplaçaient et non les élèves. Il sortait de sa sacoche des sandwichs qu'il mangeait assis à son bureau tout en corrigeant ses copies. Puis, à notre retour de la cantine, nous le retrouvions et nous discutions, groupés autour de lui, de sujets divers, pas toujours en relation avec nos cours. C'étaient des moments extraordinaires d'échanges au cours desquels il n'y avait plus le professeur et ses élèves, mais un homme jeune et dévoué et des adolescents en demande de reconnaissance et de compréhension. C'est ce qu'il nous apportait, abaissant ainsi les barrières qui nous séparaient quand nous étions en classe. Il arrivait que, dans le vif de la discussion, certains de mes camarades le tutoient par mégarde. Il ne les reprenait pas, démontrant ainsi une grande tolérance. Mais jamais en classe aucun d'entre nous ne dépassait les limites de la correction et ne se serait autorisé à utiliser le tutoiement.

A la fin de l'année scolaire, il nous emmena en voyage éducatif dans les Ardennes belges. A l'époque, ce type de sortie était rare. Il avait choisi notre classe, car nous étions celle avec laquelle il avait obtenu les meilleurs résultats — c'est ce qu'il nous affirma. Je n'avais jamais participé à une telle expérience. Monsieur M. s'était entouré de deux jeunes surveillants afin d'assurer l'encadrement nécessaire. Jamais il ne nous a paru aussi décontracté et proche de nous que pendant ces trois jours. Dans l'autocar, il fut le premier à nous raconter des histoires drôles pour détendre l'atmosphère. Le soir, là où nous logions, il mangeait à la table commune et se comportait comme nous, sans aucune différence. Nous avions l'impression d'être en présence d'un grand frère et non de notre professeur d'histoire-géographie. En revanche, au cours des visites programmées, il faisait à nouveau preuve de sérieux et d'autorité, et n'admettait pas que certains d'entre nous soient inattentifs ou indisciplinés.

C'est au cours de ce voyage, je crois, que j'ai commencé à aimer l'histoire-géographie et que j'ai trouvé ma vocation. Que j'ai intimement compris, également, que le métier d'enseignant était le plus beau métier du monde, qu'enseigner, ce n'était pas seulement transmettre un savoir, c'était aussi transmettre une passion à des jeunes avides de connaissances et de reconnaissance, pour leur permettre d'être plus tard des êtres tolérants et libres... Que c'était tout simplement éduquer à la vie.

Ecrivain, journaliste, cinéaste, homme de médias, auteur de chansons, Philippe Labro vient de publier son vingt-sixième livre, *J'irais nager dans plus de rivières* (Gallimard, 2020).

Max la légende
Philippe LABRO

Nous étions au premier jour de la rentrée, en sixième, au lycée Ingres, à Montauban, assis sur nos bancs de bois, devant nos pupitres avec un trou en haut à droite pour y disposer l'encrier, nos cartables en faux cuir cartonné soigneusement rangés à nos pieds chaussés de galoches aux semelles épaisses. Je parle ici d'un temps ancien, lorsque rien de ce qui fait le monde d'aujourd'hui n'existait, même dans les imaginations les plus folles. Années 40 du XXe siècle, il y a très longtemps. Cependant, le souvenir reste vivace car cette année en sixième me permit de connaître le professeur qui allait peser sur le cours de ma vie.

La sixième, cela signifiait que vous aviez quitté le « petit lycée » pour pénétrer dans la cour des grands. Vous n'étiez plus tout à fait un petit garçon, même si vous n'étiez pas encore un plein adolescent – à mi-chemin entre l'enfance pure et naïve et les indices de la puberté. Un sentiment mélangé de fierté et de crainte, une attente, une promesse : qu'alliez-vous devenir ? Qui étaient donc ces gamins autour de vous, dont certains affichaient un air de certitude et de morgue, tandis que d'autres s'enfermaient dans la timidité et la prudence ?

Ils se levèrent tous, vêtus de leurs tabliers noirs, lorsque la porte s'ouvrit et entra un homme dont l'allure et le visage ne ressemblaient en rien à ceux de nos instituteurs des années précédentes. Ils étaient lourds, massifs, ordinaires, parfois ronchons, alors que le nouveau venu dégageait une impression de légèreté insolente, une différence.

— Je suis votre professeur de français, on dit aussi professeur de lettres. Me voici parmi vous afin de vous faire aimer le français autant que je l'aime, c'est-à-dire avec passion. Je m'appelle Max Primault.

Il avait lâché ces phrases de sa voix haut perchée, flûtée, légèrement féminine, sans aucun accent de notre pays natal, comme une musique, comme s'il les avait chantées. Tout en lui arrêtait l'attention, suscitait une sensation de curiosité, vous ne pouviez le quitter des yeux.

— N'ayez aucune crainte, ajouta-t-il, vous pouvez vous asseoir, vous verrez, nous allons passer de belles heures ensemble. Le français, c'est la vie, et la lecture, c'est un acte d'amour.

Il arrivait de la « grande ville », la « capitale » voisine, Toulouse. Personne, jusqu'ici, ne nous avait parlé de cette manière, en utilisant de tels mots : « la vie », « l'amour », « la passion » – en quelques instants, il nous avait fait accéder à un autre univers. Il avait un singulier visage, qu'on aurait pu dire laid si la lumière qui l'habitait ne le transformait pas en un masque de feu, celui de qui a une vocation, une mission, une foi. Tout était pointu, chez lui, la voix, ai-je déjà dit, le nez, trop accentué, le menton un peu fuyant, le front était dégagé, avec une coiffure de cheveux sombres, comme plaquée par quelque gomina (on discernait une brillance dans les mèches, il était coquet). Avec son corps maigre, il flottait quelque peu dans un costume clair, veste croisée et pantalon à larges pinces et aux revers étroits. La cravate en tricot était multicolore. Comme le dirait mon père, plus tard, lorsqu'il fit sa rencontre, c'était « un drôle d'oiseau ». Mais l'allure insolite de Max – puisque c'est ainsi que nous l'appelions tous, en son absence – ne nous aurait pas autant subjugués s'il n'y avait pas eu son talent de pédagogue, la flamme avec laquelle il nous initia, très vite, aux auteurs du cours, certes, qu'il fallait respecter, mais aussi à d'autres qui ne figuraient pas au programme.

Il nous légua le goût du récit, de la construction dramatique (« C'est simple, un début, un milieu et une fin, un héros auquel vous devez vous identifier ») et la découverte de mots inconnus et évocateurs. C'est ainsi qu'il aimait envoyer, en interrompant soudain le cours d'une dictée banale, comme un bouquet de fleurs, en les scandant : « Coquecigrues, sycophantes, émerveillement, jouissance, euphorie, spleen, paradoxe, borborygmes, souffrance, virevolte, cataclysme, métaphore, sophistication ! » Il posait alors le texte de la dictée, respirait et souriait :

— Bon, maintenant, on va les décortiquer les uns après les autres, et je vais tous vous les expliquer. On reprendra la dictée et l'orthographe un autre jour. Place à la folie de la langue ! A nous les poètes et les inventeurs ! Accueillons Hugo, Baudelaire, Villon, et Jules Verne !

Sa fougue et son enthousiasme l'emportaient alors, et nous avec lui, au point que, lorsque sonnait la cloche indiquant la fin de la classe, nous étions quelques-uns à regretter de devoir partir « en récré ». Car c'était lui, la récréation. Il était le récréateur. Certes, l'ensemble de la classe ne suivait pas Max avec la même fascination et le même plaisir que d'autres, et je sais que certains parents vinrent interroger le proviseur à propos des débordements lyriques de notre agitateur. Pour moi, qui avais déjà la chance d'être élevé par un père féru de littérature et une mère qui aimait la poésie, Max servit d'accélérateur, de révélateur, de stimulateur. Il m'entraîna vers l'envie d'être, à mon tour, un de ces artisans de la phrase belle, du mot juste, de l'image appropriée, du conte ou de la fable.

De retour à la maison, une fois les devoirs faits, je me réfugiais loin des bagarres entre frères (nous étions quatre, très rapprochés en âge) pour me plonger dans *Les Misérables* ou *L'Appel de la forêt*, la tirade du Cid, celles de Cyrano ou les morales de La Fontaine – quitte à sauter des pages, quitte à ne pas tout comprendre. Mon père finit un jour par me dire :

— Il va falloir que je le rencontre, ton Max.

Car j'avais suffisamment décrit, voire imité, la gestuelle et la voix de Max pour aiguiser la curiosité de mes parents. Les deux hommes se rencontrèrent. Mon père, fin psychologue, avait vu en Max un homme solitaire, sans doute malheureux, incapable d'accepter l'ambiguïté de sa personne, vivant chez sa mère à Toulouse où il retournait, deux fois par semaine, après avoir donné ses cours – et il décida de l'inviter à déjeuner chez nous. Max, que mes frères adoptèrent immédiatement, que ma mère voulait mieux nourrir (« Vous ne mangez rien, mon pauvre Max, vous êtes mince comme un fil de fer ! »), devint, petit à petit, tout au long de cette année de sixième, l'invité du dimanche, le familier de certains goûters du samedi, il faisait rire, entamait une chanson de Charles Trenet, déclamait du Vigny et du Jules Laforgue, le professeur n'était plus un prof, mais un mentor, un confident, un protecteur, une référence. Il croyait avoir décelé quelque talent dans son élève, devenu son « chouchou », ce qui me valut représailles, jalousies, et insinuations plus ou moins vulgaires de la part d'une partie de la classe.

Cependant, il prodiguait son goût de la lecture et de l'écriture, sa prédilection pour le théâtre, le spectacle vivant, à d'autres élèves. Sa luminosité et sa générosité ne se limitaient pas à ma seule petite personne. Lorsqu'il quitta le lycée pour rejoindre d'autres établissements à Toulouse, Max Primault continua de professer et encourager, distinguer les élèves doués et leur offrir ses passions et ses conseils. J'ai appris, beaucoup plus tard, qu'il était devenu, au sein de certaines familles toulousaines, un objet de culte, une véritable légende. Certains lycéens, devenus parfois eux-mêmes professeurs, penseurs ou philosophes, ont reconnu, au fil des années, l'influence prépondérante qu'exerça sur eux cet amoureux du verbe et de l'enseignement, ce dévoué défenseur du beau et du vrai, cet animateur, explorateur de la jeunesse et de ses promesses. Encore aujourd'hui, il m'arrive de recevoir un témoignage, un rappel : « Max ! » Ce drôle d'oiseau qui émouvait mon père, Max, mon premier véritable mentor. C'est lui qui, solennellement, vint un jour solliciter un rendez-vous avec mon père :

— Non, je ne viens pas pour le merveilleux gigot d'agneau, haricots verts du dimanche. Non, cher monsieur, j'ai besoin de vous voir en tête-à-tête, sans la présence de madame votre femme, et a fortiori de votre fils, ou de ses frères.

— Quand vous voudrez, cher Max, je vous attends.

Les deux hommes se font face dans le bureau de mon père où trône un buste de Voltaire. Nous sommes à la fin des années 40, la France a été libérée, la guerre est finie et la vie reprend son rythme tranquille dans notre maison située sur les hauteurs de la ville.

— Voilà, cher monsieur. Ce que je vais dire n'aura peut-être pas de sens d'ici quelques décennies, mais aujourd'hui, je suis convaincu que vos enfants, tous, pas seulement mon élève chéri, ne doivent pas rester en province. Ils ont tous un avenir. Ils ont droit à des études dans la grande ville, à Paris. Vous ne pouvez pas trop longtemps les garder ici, dans ce qui est, pour l'heure, en tout cas, une petite enclave provinciale sans envergure. Partez ! Cela me fera une grande peine, vous me manquerez, mais, je vous en prie, pour l'avenir de cette jeunesse, rejoignez donc la capitale !

Le prof fut écouté. J'ai conservé un lien avec lui – nous nous écrivions de façon régulière. Il était enchanté de mes premières armes, mes premiers articles de presse, premières publications. Et puis, la vie, les vies, m'ont éloigné de lui. Je ne l'ai pas revu assez souvent. Je lui dois tout – et je sais que nombreux furent ceux qui prononcèrent la même formule : on doit tout, parfois, à un professeur, homme ou femme. A chacun d'entre nous de ne jamais l'oublier.

Sébastien Lapaque est nouvelliste, essayiste, romancier et critique pour *Le Figaro littéraire*. Son prochain roman, *Ce monde est tellement beau*, paraîtra chez Actes Sud en 2021.

Je me souviens de mes bons maîtres

Sébastien Lapaque

Je me souviens de professeurs de lycée sûrs de leur mission rédemptrice face à la logique du marché. Je me souviens de bons maîtres nostalgiques de l'âge héroïque et poétique de l'humanité qui nous récitaient tout à trac du Ronsard, du Hugo, du Aragon – et pas uniquement en cours de français. Il était communiste, mon professeur d'histoire-géographie qui s'est un jour mis à déclamer du Péguy pour illustrer un cours sur les travaux agricoles dans la plaine de la Beauce : « Etoile de la mer voici la lourde nappe / Et la profonde houle et l'océan des blés / Et la mouvante écume et nos greniers comblés, / Voici votre regard sur cette immense chape ». Je me souviens également d'un professeur d'anglais royaliste, un peu foutraque, qui nous faisait chanter « God save our gracious Queen » au début de chaque cours.

Je me souviens d'une époque où les revendications identitaires et religieuses n'existaient pas. Il y avait dans mon lycée public une chapelle où une poignée d'élèves assistaient à la messe une fois par mois, un professeur de mathématiques juif qui ne donnait pas cours le jour de Kippour et personne ou presque ne s'en rendait compte. La main de Fatma portée en pendentif autour du cou par quelques camarades faisait figure de curiosité orientaliste. La laïcité ne posait aucun problème. L'ambiance était pacifique entre ceux qui croyaient au Ciel et ceux qui n'y croyaient pas.

Je me souviens de professeurs obstinés, de gens passionnés par un métier qui n'était pas une fonction économique, mais une *vocation* au sens fort, la réponse à un *appel* – la traduction du mot *vocatus* proposée par mon vieux Gaffiot – et une mission nécessaire de la civilisation. Je me souviens de réfractaires à la différenciation pédagogique, d'amateurs d'esprit critique, de combattants qui ne rougissaient pas lorsqu'on les accusait d'être rétrogrades. Je me souviens de gens tranquilles malgré des conditions de travail de plus en plus difficiles, l'illettrisme en progression, un laxisme éreintant et le sentiment amer de ne plus être soutenus par l'administration. Cette amertume était généralement renforcée par les agressions des apôtres de la guerre économique totale, qui allaient répétant que l'école devait s'ouvrir au monde extérieur et s'adapter aux outils informatiques. A distance, je me dis qu'elle aurait dû garder ses portes fermées, comme les écoles sans ordinateurs, avec des tableaux noirs et des pupitres en bois où de nombreux cadres de sociétés *high tech* de la Silicon Valley inscrivent leurs enfants[1]. Ça l'aurait peut-être sauvée du désastre.

Je me souviens de professeurs qui s'obstinaient à rester concentrés sur leur tâche comme un artisan sur sa matière,

---

[1]. « At Waldorf School in Silicon Valley, Technology Can Wait », *The New York Times*, 22 octobre 2011, Matt Richtel.

fiers de naviguer jour après jour sur les eaux de la connaissance. Je me souviens de la satisfaction que leur procurait le travail bien fait. Je me souviens qu'elle provoquait l'ironie de certains de nos contemporains. Ce qu'ils désignaient, en dénonçant le conformisme supposé de mes bons maîtres, c'était simplement l'esprit de résistance. Les professeurs de latin et de grec ancien étaient les premiers visés. A l'heure de la transparence absolue du réel à lui-même, n'avaient-ils pas autre chose à faire que de transmettre aux enfants des savoirs très chargés et très anciens qu'avaient assimilés leurs parents et leurs grands-parents avant eux ? Ne sentaient-ils pas l'heure venue de s'adapter à la mondialisation des processus de production de richesse, de vivre à l'heure du défi et de la concurrence ?

A la fin des années 1980, Lionel Jospin étant ministre de l'Education nationale, avec un conseiller spécial nommé Claude Allègre, je me souviens de jeunes stagiaires gavés comme des canards landais aux sciences de l'éducation lors de leur parcours universitaire : il ne fallait pas bourrer le crâne des enfants en empilant les connaissances, les frustrer en les évaluant, détruire leur joie de vivre avec des notes, il fallait éviter de stigmatiser les cancres et de valoriser les premiers de la classe...

Je me souviens d'une charmante professeur d'anglais qui accusait ses aînés de vouloir faire du lycée un laboratoire de contrôle mental. J'avais dix-sept ans, je mélangeais un peu tout, je lisais à la fois des auteurs antimodernes et des fanzines de la mouvance autonome et post-situationniste, je mordais à tous leurs arguments. En 1995, j'avais vingt-quatre ans lorsque Raoul Vaneigem a publié *Avertissement aux écoliers et lycéens*, dénonçant « l'éducation carcérale et la castration du désir ». J'avais quitté les classes de l'enseignement secondaire depuis quelques années et enfin compris à quel point les discours d'enfants gâtés contre les lycées casernes, la tradition napoléonienne de l'enseignement et l'école de la République étaient stupides.

Je me retournais avec tendresse sur mes années passées dans un bon gros lycée républicain de deux mille élèves, avec des

Mon prof, ce héros

classes préparatoires et des professeurs de haut niveau, et me souvenais de la dernière phrase de *L'Education sentimentale* de Flaubert, étudié en troisième : « C'est là ce que nous avons eu de meilleur ! »

Née en Amérique, Susie Morgenstern vit à Nice et écrit en français. Auteur pour la jeunesse, elle a également enseigné l'anglais à l'université Sophia Antipolis. Son dernier livre est *Touche-moi* (Thierry Magnier, 2020).

Des étincelles contre un donut
Susie Morgenstern

Il arrivait dans la classe avec une serviette en cuir tellement râpé qu'elle était plus papier que peau de vache. Son costume froissé après le trajet en train était assorti à ses cheveux en bataille. Pas grand mais grandiose, trapu, avec un visage potelé et beau comme une vedette de cinéma, il se mettait à parler de son timbre chaud avant même de faire son entrée, en voix off. J'étais transportée au théâtre du Globe avec le meilleur comédien shakespearien.

Mon cœur battait au rythme du débit de ses paroles, mon crayon aiguisé, un silence concentré sur la période de la préhistoire qu'il racontait comme si c'était les derniers

Mon prof, ce héros

potins, mon regard dirigé sur sa bouche et mon cahier dans lequel je prenais des notes frénétiques que je relisais chez moi religieusement pour revivre le cours. Il marchait en long et en large, lui-même emporté par son contenu passionnant. Bien que lourd, il était comme une diva sur une scène d'opéra. Tous les profs ne sont pas des virtuoses. Je me rendais bien compte de ma chance.

Il parlait avec un sourire permanent au coin des lèvres, et les yeux pétillants car il était clairement amoureux de sa discipline et convaincu de l'importance et l'urgence de notre assimilation de son contenu pour le bon déroulement de la continuation de nos vies en tant qu'êtres humains.

Je planais. Il sortait ses notes mais ne les lisait jamais. Ça coulait de sa propre source de savoir avec une maîtrise intarissable. Combien d'heures et d'années de lecture, de recherche et d'étude fallait-il pour en arriver là ? On pouvait poser des questions mais le cours était tellement clair et structuré que les réponses y étaient déjà. Dès qu'il donnait une référence à un livre, je courais à la bibliothèque pour le lire.

Mon prof, ce héros

Il n'était pas le professeur de *La Société des poètes disparus*, pas de dispositifs pour nous réveiller de notre torpeur, pas de provocation, rien que de la science humaine pure et une volonté de partage. Chaque minute était une bulle de champagne.

Un bon prof est une raison d'être. Qu'est-ce que l'on peut offrir de plus que la stimulation ? Une excitation à chaque phrase. Des fois il récitait un poème. Ses récits étaient infusés d'humour. On rigolait même quand l'histoire de l'humanité était tragique. Et c'était en fait toujours tragique.

Yosef Yerushalmi était professeur d'histoire juive. J'étais inscrite à chaque cours qu'il donnait qui recouvrait toute l'histoire jusqu'à la Deuxième Guerre mondiale. Il devait avoir une quarantaine d'années et moi dix-huit. N'empêche que j'étais éperdument amoureuse de lui. Je faisais souvent le voyage jusqu'à son bureau et je montais les marches avec des palpitations jusqu'au grenier du bâtiment avec un café au lait et un donut. Il déversait son âme en cours pour moi et je le récompensais en lui offrant un café. Il enracinait en moi un goût pour l'histoire, un éveil au monde, une curiosité intellectuelle et je le gratifiais d'un donut. Il a marqué ma mémoire pour toute ma vie et je ne peux lui offrir que ces pauvres mots en retour.

Depuis le CP jusqu'à cette période, j'avais été bien lotie. Cela ne me serait pas venu à l'idée de ne pas respecter et apprécier un professeur. C'était les années 50-60. Dieu ne pouvait pas être partout alors il a créé les professeurs. Je me rappelle chacun (plutôt chacune) en détail jusqu'aux couleurs des robes et des talons hauts. Chacun était fier de son rôle. J'étais pleinement consciente de leur valeur.

Quand je dédicace l'un de mes livres à un professeur d'école, je souhaite à l'enseignant le courage et la force de pratiquer le métier le plus important du monde. Et je le crois ! Beaucoup de mes livres sont inspirés par l'école et par les « prêtres » de l'école, les profs. Ils sont sous-payés et sous-estimés et c'est à eux qu'on confie nos êtres les plus chers, nos précieux enfants. Chaque parent devrait passer une journée à vivre avec vingt-cinq à trente-huit enfants ou jeunes, chacun une bombe individuelle avec un problème particulier. Personne en dehors de ce métier ne peut imaginer la quantité de travail et de préparation, la patience, la persévérance, le talent, la fatigue, l'imagination, le combat qu'il implique.

Je pense aux professeurs comme à des gladiateurs qui entrent dans l'arène pour faire face à leur lutte. Pas pour l'amusement des spectateurs mais pour la construction et la pérennité de l'humanité. On a applaudi les équipes soignantes des hôpitaux et c'était bien mérité, mais qui a jamais applaudi les formateurs de nos enfants qui leur transmettent les pratiques et les connaissances pour pleinement habiter leur vie ?

Martine Marie Muller est romancière et professeur de lettres dans un lycée de la région parisienne. Son dernier livre, *Dieu aime les rousses* (Presses de la Cité, 2020), est un roman policier.

O Capitaine ! mon Capitaine !
Martine Marie MULLER

Les choses avaient plutôt mal commencé. En CE1, mademoiselle X me lança son double décimètre à la figure car je ne savais pas poser une division, mais sans doute pensait-elle me donner ainsi la bosse des maths. En CM2, madame Machin-Chose me retira quatre points dans une dictée car j'avais eu l'outrecuidance de mettre un accent sur la préposition A, belle majuscule en tête de phrase, alors que j'avais le désir de lui prouver que je savais faire la différence entre « a » et « à ». Je faillis même passer à la porte quand je fis observer à Machin-Chose que l'accent sur le A majuscule ne changeait rien à sa nature.

Il me faudra attendre quelque trente ans pour que l'Académie française et l'imprimerie me donnent raison. En 4e, je fus renvoyée du cours d'histoire car j'avais déclaré que Robespierre était un assassin, qui avait, sur la conscience qui lui manquait, l'extermination de quatre cent mille Vendéens. Que dire d'autre du collège, sinon qu'en dehors de la semonce du directeur qui doubla celle du professeur, je n'en ai que des souvenirs nébuleux, marqués par l'ennui et la résignation, même si je parvenais à cacher un roman derrière mon livre de maths, autrement plus passionnant que les vecteurs ou les fractions.

La révélation, l'illumination, le bonheur, ce fut le lycée, et surtout la classe de première.

Entre nous, on l'appelait Doudou puisque son prénom était Edouard. Le pas élastique, l'allure dégingandée, le mardi boutonné avec le lundi, il entrait en classe, une main dans une poche, trois bouquins d'histoire sous le bras. L'œil rieur, la mèche en bataille, un nez en trompette qui lui donnait la bouille d'un Pique-la-Lune à la Saint-Exupéry – dont il avait la carrure –, c'étaient le souffle de l'histoire et le vent de la liberté qui s'engouffraient avec lui dans la classe. Quand il se mettait à chanter d'une belle voix grave *La Carmagnole*, *Le Temps des cerises* ou *Le Régiment de Sambre-et-Meuse* pour illustrer un cours, il nous soulevait de nos chaises. Tout y passait, et bien plus que le programme, parce qu'il avait tout vécu.

— L'assassinat de César ? J'étais au côté de Brutus ! Les champs Catalauniques qui ont vu la défaite d'Attila ? J'y étais ! Azincourt ? Fantassin rampant dans la boue, j'ai coupé les jarrets du cheval d'un cavalier anglais ! Le 18 Brumaire, j'ai applaudi Bonaparte ! Et pour ce qui nous occupe aujourd'hui, 5 septembre 1914, moi, Charles Péguy, que mes soldats appellent « le Pion », chrétien et patriote, l'incarnation du renouvellement intellectuel d'une France moribonde, je suis mort d'une balle en plein front !

Doudou, qui s'est coiffé du bonnet d'un élève, arpente l'estrade, le dos voûté, l'équerre du tableau en joue, devenue fusil Lebel, en criant : « Baïonnette au canon ! »

— Vous croyez que je plaisante ? Non ! Pendant toute l'année 14, la tête des soldats n'était protégée que d'un casque de cuir bouilli, glissé sous le képi, quand les Allemands avaient des casques d'acier depuis le premier assaut !

Il tire trois élèves de leur chaise et les fait se coucher, un peu gênés et ricanant, sur l'estrade.

— Lieutenant de la Cornillère, vous êtes mort, en gants blancs et le monocle vissé sur l'œil ! Lieutenant Casimir-Perier, vous avez été fauché par les soldats allemands, verts des pieds à la tête, qu'on ne voit pas, mais qui eux nous voient, à cent mètres, et nous dégomment comme ces petits perroquets rouges de la foire à Neu-Neu ! Poum Poum Poum ! Capitaine Guérin, vous êtes tombé, votre canne d'ébène arrachée avec le bras ! Dans vos beaux pantalons garance, après un assaut de vingt minutes, vous êtes déjà morts à l'ennemi ! Et que sommes-nous ? Nous, les nouveaux fantassins de l'an II qui allons venger Sedan ? Nous sommes l'arrière-garde ! Des troupes en l'air ! Des fossiles davantage que des témoins ! Des tableaux de chiffres ! Pas même les avant-derniers, mais les après-derniers, et après notre mort, commencera l'écume des jours historiques !

Plus personne ne ricane.

Il nous a tous fait lever puis, mitraillés par ses Poum Poum Poum qui sonnent comme des cuivres, nous tombons sur nos chaises, un à un, la tête sur la table, mais l'œil verrouillé sur la ligne bleue des Vosges. Nous sommes béats, tétanisés. Il pleut dans la classe qui sent la poudre à canon, le plafond pèse comme une enclume, nous avons perdu notre barda, notre lebel. Capitaine Doudou, nous allons tous y passer ! Un pied sur le dos du capitaine Guérin, Péguy nous fixe de son œil de feu pris dans une lorgnette qu'il a roulée après avoir arraché une feuille du cahier de textes. Il ordonne à la classe de hurler : « Couchez-vous, mon lieutenant ! » Disciplinés malgré la mitraille que nous essuyons, nous nous époumonons : « Couchez-vous, mon lieutenant ! » Mais Péguy hurle en enjambant le corps figé de la Cornillère – lequel n'en mène pas large : « A l'attaque ! Pas de flanchards ! » Et soudain, son visage se fige ; les yeux exorbités, il murmure : « Ah ! Mon

Dieu... mes enfants ! » Et il tombe. Une élève pousse un cri d'effroi.

— Il était 5 h 20 dans l'histoire de la folie des hommes en guerre, lors d'une après-midi à la fois brûlante et ténébreuse... déclame-t-il d'une voix d'outre-tombe en se relevant, alors que s'ouvre la vieille porte de la classe, qui couine.

Crac crac crac ! Les cavaliers des tabors marocains montent-ils à l'assaut ?

Non, c'est la tête de souris effarouchée du surveillant que notre éblouissante défaite a alerté. On l'ignore, les yeux fixés sur notre capitaine Doudou qui s'essuie le front, retire son bonnet, le geste un tantinet mélodramatique. La porte se referme.

— Debout les morts ! hurle-t-il soudain de sa voix de stentor aux trois soldats, un peu sonnés d'être ramenés si brutalement à une existence ordinaire.

Et toute la classe, revenue de l'enfer, applaudit.

Ah, combien je te dois, Doudou le républicain, le patriote enflammé, voire *enragé*, disait Stendhal, le laïcard de ce lycée-internat dirigé par des pères maristes dont la tolérance et la bienveillance n'avaient d'égal que leur sens de la pédagogie ! Cher Doudou ! A qui il ne manquait pas même le sens de l'ironie pour nous ramener à la Raison alors qu'il avait essoré nos émotions comme au lavoir.

Il s'époussette, tire sur sa veste et nous lance :

— Et tout ça, mes petits amis, pour quoi, je vous le demande ? Mon père disait que mourir à la guerre, c'était avoir son nom dans le journal avec une faute d'orthographe ! Mais mon père n'avait jamais lu Péguy...

S'ensuivit un portrait terrible de Joffre, qu'il appelait le général Dieu, mais qui n'était rien, ni artilleur, ni cavalier, ni fantassin, qui n'avait pas même fait l'Ecole de guerre, et dont le seul haut fait était d'avoir surveillé la construction de citadelles à Madagascar ! Jamais plus je n'ai marché sur un boulevard Joffre sans revoir devant moi le regard flamboyant de Doudou racontant l'échec du XVIIe Plan du commandant en chef, lequel estimait qu'on n'avait besoin ni de changer la couleur de l'uniforme ni de mettre des casques aux soldats : « Je tordrai les Boches avant ! »

Mots pesés comme du caviar et tirés du manuel, les cours de Doudou ? Objectifs et neutres, bardés de statistiques et d'analyse des mentalités, façon Ecole des Annales, fondée par Lucien Febvre et Marc Bloch ? Certes, non ! De nos jours, ce Maître-là écoperait d'un blâme ! Mais c'était une autre époque ; le livre, le roman étaient des amis qu'on retrouvait avec bonheur, tous les soirs, sur sa table de chevet, et eux seuls nous emportaient dans les espaces d'une autre vie, disait le poète, comme le feuilleton *Les Rois maudits,* à la télévision, nous passionnait. (Mais Doudou m'en disait le plus grand mal !) Grâce à ce professeur, mais aussi grâce à ma mère, j'ai lu, immédiatement après le fameux cours, Barbusse, Dorgelès, Erich Maria Remarque. Et puis la guerre de 14-18, que mes grands-pères avaient faite, l'un du côté français, l'autre du côté alsacien devenu allemand, était encore vivante, sinon dans notre mémoire, du moins dans celle de nos parents. En terminale, notre cours d'histoire s'arrêtait à la Seconde Guerre mondiale et la tragédie des Twin Towers n'avait pas encore changé la face du monde. Mais quand j'écris, j'ai toujours devant moi les culasses des trois obus de 75 que mon grand-père maternel avait rapportés du front. Il me semble alors sentir sur mon épaule la présence bienveillante de ce grand-père, un ange gardien qui fait un petit clin d'œil à Doudou, et qui lui dit, du haut du paradis des hommes de bonne volonté : « Tu avais raison, Doudou, quand tu soulignais de rouge la moitié de ses devoirs d'histoire et que tu lui lançais : "Trop de lyrisme, mademoiselle Muller ! Trop d'anecdotes ! Trop de poésie !" Mais moi, j'ai toujours su que cette petite avait plus d'imagination que de méthode ! »

« La faute à qui ? » lui avais-je un jour répliqué insolemment, très déçue d'une note. Car Doudou était du genre à mettre « 12/20. Peut mieux faire » à Jules Michelet lui-même. « Quand on a vu mourir Péguy sous ses yeux… » avais-je grommelé, en guise d'excuse. Nous étions seuls dans la classe, lors de la récréation. Son œil avait pétillé.

« Un peu de comédie ne rend pas illégitime l'analyse des faits… Vous êtes notée sur cette analyse, pas sur le style !
— Mais je veux devenir écrivain…

— Pourquoi ?

— Demande-t-on au pommier pourquoi il fait des pommes ?

— Jolie formule ! C'est de vous ?

— Non, de Maupassant.

— Je vous comprends ; j'ai découvert l'histoire, même revue et corrigée, grâce à Alexandre Dumas...

— Comme ma mère, monsieur ; à douze ans, elle était amoureuse de d'Artagnan !

— Je dois avouer que je n'étais pas insensible au charme de Constance Bonacieux ! »

Nous avons ri, complices soudain, mais, inflexible, il ne m'aurait pas même rajouté un demi-point, qui à l'époque valait de l'or !

Et puis Doudou, comme sa femme, professeur d'anglais, avait la bougeotte. Il nous a traînés partout, dans le Paris d'Haussmann ou à Versailles, à Péronne, à Douaumont, à Verdun, au mont Valérien, au cimetière de Colleville. Je le vois encore, dans son costume anglais déformé, arpentant les allées verdoyantes entre les milliers de croix blanches au garde-à-vous, hurler en levant les bras au ciel : « *Sie kommen !* » Quand j'ai vu, et revu, bien des années plus tard, *Il faut sauver le soldat Ryan*, surtout les trente premières minutes du débarquement de Normandie mis en scène par Steven Spielberg – que je passe toujours à mes élèves –, c'est encore à Doudou que j'ai repensé. Parce qu'il avait compris que la réalité, ou la vérité, n'est tangible qu'à travers les sens, l'émotion, l'émerveillement ou l'indignation, parce qu'aucun texte seul ne peut vraiment rendre compte de la réalité charnelle de la mort et du sacrifice, parce que seule la fiction peut donner à voir la réalité des balles qui ont traversé l'eau et les hommes, parce qu'on plonge avec la caméra sous les barges et dans la mer ensanglantée comme il nous avait fait nous dresser devant les balles qui mitraillaient le village du Plessis-l'Evêque.

Et puis Doudou et sa femme, au mois de juillet, nous emmenaient, avec leurs enfants, dans le Lake District, à la frontière écossaise. Prisonnière libérée de la geôle familiale, j'étais euphorique. Je voulais tout voir, tout lire, tout aimer, tout étreindre. Dans le bateau, Doudou nous racontait la traversée de Guillaume le Conquérant ; dans le train, le premier accident de chemin de fer, celui de la *Rocket*, une des premières locomotives à vapeur. Au bord des lacs, madame Doudou nous parlait du poète Wordsworth ; lors de la visite du château de Walter Scott, Doudou s'épancha sur *Ivanhoé*. Etions-nous tous aussi enthousiastes, avides de connaissances ? Nous étions simplement sous le charme de ce couple fantaisiste et sympathique, qui ne nous intimidait pas, qui aimait son métier, qui nous aimait.

Les années ont passé. Je n'ai jamais revu Doudou, après le bac, j'ai seulement appris que sa femme était morte jeune, et qu'ils avaient lu mon premier roman, que je leur avais envoyé. Ce qui fait aussi la grandeur du métier, c'est la mélancolie du Maître, son acceptation raisonnable de l'ingratitude des générations qui passent entre ses mains, qui filent vers leur avenir comme des flèches, et qu'il revoit rarement. Seul maître à bord de sa classe, il accepte la puissance inexorable du temps qui passe mais qui le laisse habité par sa propre jeunesse éternelle, dernière sentinelle de la transmission et de l'histoire en marche.

Ma méthode, c'est toujours de ne pas en avoir, dirait Doudou. Je ne fais jamais de plan, seulement des recherches qui s'égaillent, en vrac, sur des bouts de papier qui s'amoncellent, sur et sous mon bureau. Je ne sais pas où je vais, ni où vont mes personnages, j'écris au fil de la plume, comme ça vient, comme les pommes tombent du pommier. Il y en a des bonnes et des véreuses, je trie, je sabre, je taille dans le rang. J'écris comme Murat à l'assaut de la plaine d'Austerlitz, même si parfois cela ressemble à Waterloo. J'enseigne, non pas comme Doudou, mais dans son esprit ; je fais monter mes élèves sur le bureau comme le professeur Keating du *Cercle des poètes disparus*, pour les faire changer de « perspective » ; je les fais pleurer sur la mort d'Emma Bovary, rire avec l'accent cauchois des paysans de Maupassant, réfléchir à l'ironie cinglante et insolente de Voltaire. Ce que Doudou m'a transmis, tout simplement, cela s'appelle la passion. Non pas une passion mortifère et fanatique, mais une passion gaie, joyeuse et souriante comme un jardin normand au printemps.

Anthony Palou est chroniqueur au *Figaro* et romancier. Son dernier roman, *La Faucille d'or*, a paru aux Editions du Rocher en 2020.

Les visions Philonenko

Anthony PALOU

J'ai dû rencontrer le grand historien de la philosophie Alexis Philonenko (1932-2018) au début des années 1990, génie au beau sang bleu russe qui courait sublimement dans ses veines. Peut-être en janvier 1992, ou était-ce en février ? Qu'importe. A l'époque, il tenait chronique dans la *Revue des Deux Mondes*, des chroniques qu'il appelait voluptueusement « Perspectives ». Il en a écrit vingt-cinq car vingt-cinq, carré du nombre sacré des pythagoriciens, est un nombre magique. Lecteur de ce géant de la philosophie, je désirais coûte que coûte le rencontrer. Etudiant à Nantes, où j'ai passé une vague licence, je lisais, ébloui, ses essais de philosophie de la guerre, son admirable *Schopenhauer* et surtout, surtout, son *Jean-Jacques Rousseau et la pensée du malheur*. Ces lectures remontent aux années 1980. Alors, oui, comment nous sommes-nous rencontrés dans les années 1990 ? Si ma mémoire n'est pas trouée, c'est par l'intermédiaire de Jean Bothorel qui dirigeait cette fameuse *Revue des Deux Mondes*. Il me l'avait présenté et on ne s'est plus jamais quittés. Et c'est ainsi que pendant presque quinze ans, nous nous sommes vus, Philonenko et moi, toutes les semaines. « Nos six o'clock », comme il disait. Il m'attendait, je n'arrivais jamais en retard. Monique, sa femme, m'ouvrait la porte, j'avais toujours un bouquet de fleurs à la main. L'admirable Monique, elle aussi agrégée de philosophie, qui n'avait pas son latin et son grec dans la poche. Alors nous nous installions dans son salon ou dans son bureau pendant deux heures.

Alexis Philonenko n'a jamais été mon professeur mais pendant près de quinze ans, il fut mon maître à penser, ou à dépenser, il fut en quelque sorte mon tardif précepteur philosophique. Je me souviens encore de son numéro de téléphone qui me rassurait. Quand bien même je vous le donnerais, n'appelez pas, ce n'est pas la peine, le génie n'est plus là.

La chose qui me revient lorsque je sonnai la première fois chez lui, à la porte de cet appartement, troisième étage, où il logeait 25 bis, rue Benjamin-Franklin, dans le 16e arrondissement, oui, la première chose, illumination, vision : son sourire, celui d'un enfant, ravi d'éduquer un de ses admirateurs. Ses yeux bleus sublimes. Cette classe naturelle. Et puis cette démarche improbable. Je me souviens de ces fenêtres qui donnaient sur les jardins du Trocadéro. On entendait les oiseaux. Sa tête était si lourde de savoir qu'elle déstabilisait son corps, qui, sans doute fatigué, ne la supportait plus. Philonenko, m'avait-il dit, fut un grand sportif : boxeur, nageur, etc. Mais une balle lui traversa le dos alors qu'il était en Algérie. Tête pleine, corps troué. Je me souviens de son bureau, de sa bibliothèque : Kant, Hegel, Schopenhauer, Nietzsche, Fichte. Je n'étais pas grand-chose pour lui mais j'eus l'audace de lui dire ceci : « J'ai lu votre *Œuvre de Kant*. » « Ah, me répondit-il, chaque étudiant qui vient me voir me dit la même chose, c'est lassant. » J'avais voulu médiocrement être original, il me regarda de ses yeux blondins traversés des volutes d'incessantes gauloises dont les cendres glissaient de sa main jaunie et d'une gracieuse manière sur son impeccable costume.

Ce que je faisais là, je ne le savais pas trop. Tout de suite, il me prit par le bras. Me suis dit que nous allions bien nous entendre. Il m'aimait, je crois, car, une fois par semaine, je lui rendais visite et nous buvions du whisky. Peu dire que j'étais cerné. L'histoire universitaire est intéressante. Philonenko l'écrivit, ce fut sa première « Perspective » et cela me fascine encore : « Je connais bien mal le système des examens et concours. En effet, je n'ai pas redoublé mon baccalauréat et j'ai filé tout droit, sans faire le détour obligé par l'Ecole normale supérieure, vers l'agrégation de philosophie où j'ai été reçu premier en 1956. » Un jour, je lui ai dit que j'aimerais bien être son éditeur. Il me répondit : « Pour quel livre ? » « Eh, bien pour un recueil de vos Perspectives. » Dès lors, je ne l'ai plus quitté. J'ai été son éditeur, cinq ou six livres. Nous vivions dans la littérature, parlions de Dante et de Dostoïevski et de Marcel Aymé et aussi de la boxe et du tennis. L'été, j'étais invité dans leur maison de Carnac. On fumait sur la terrasse. Il était en short. Monique, radieuse, avait préparé un turbot. Dans la cuisine, Monique et moi parlions de Virgile. Les vacances pour lui n'avaient pas grand sens. « Votre capital, c'est votre dette de vie. Le travail avant tout. » Autant dire que je reprenais ma bagnole avec confiance. Dernières cartes postales : le chat que j'ai croisé chez Alexis Philonenko qui sauta sur mes genoux. Il miaulait, me caressa. Philonenko m'avait dit : « Méfiez-vous, il est perspicace, il s'appelle Hegel. » Les dernières paroles, sans doute, qu'il m'a dites. Le chat Hegel vit toujours. Il a quatorze ans. Je vais bientôt lui rendre visite.

Josyane Savigneau a longtemps dirigé *Le Monde des livres.* Dans son dernier ouvrage, elle tient la plume pour faire entrer le lecteur dans un long entretien avec l'écrivain Philippe Sollers : *Une conversation infinie* (Bayard, 2019).

Elle s'appelait Solange
Josyane S‍avigneau

Jusqu'à la seconde, entre les profs et moi, ce n'était pas le rêve. Il paraît que j'étais insolente. Dès la cinquième, le prof principal avait dit, lors d'une réunion de parents d'élèves : « Elle a la meilleure moyenne, mais on va la sanctionner, car elle répond. » Je suppose que mes parents avaient renchéri : « A la maison aussi. » En quatrième et en troisième ça ne s'était pas arrangé. J'étais parmi les bonnes élèves, mais je ne frayais pas avec les fortes en thème. Mes copines, c'étaient les cancres. Surtout une, Christine. Je me souviens de sa blondeur et de son allure de jeune fille alors qu'on était encore toutes des ados lourdaudes. On avait élaboré une stratégie pour qu'elle puisse copier sur moi en toute sécurité. Mais le crime n'était pas parfait. Un jour on s'est fait prendre. Remontrances pour les deux. Leçon de morale appuyée pour moi. Et moi refusant de plaider coupable. Insolente forever.

A la rentrée de seconde, la belle Christine avait disparu. Dans la liste des nouveaux profs, le nom de celle d'histoire-géo a retenu mon attention. L'année précédente, je l'avais remarquée dans les couloirs et avais demandé comment elle s'appelait. Dès son entrée dans la salle j'ai su qu'avec elle je n'exercerais pas mon insolence. D'emblée, une présence. Pas très grande. Brune. Très brune. De cheveux et de peau. Méditerranéenne. Un peu de soleil dans ce Poitou brumeux que je n'aimais pas. Deux bandeaux de cheveux noirs et un chignon. Pas un bruit lorsqu'elle s'est installée au bureau et a pris la parole pour se présenter et souhaiter la bienvenue dans cette nouvelle année scolaire. Très belle voix. Profonde, douce et ferme. Une pointe d'accent du Sud-Ouest.

Ce n'est peut-être pas dès ce premier cours, mais cependant très vite, que l'histoire, et même la géographie ont pris pour moi un intérêt qu'elles n'avaient jamais eu. Voilà que j'allais mettre autant d'énergie et de plaisir à décrire les synclinaux et les anticlinaux – et même à en faire des croquis – qu'à lire un roman.

J'ai appris que son prénom était Solange. Un atout de plus. J'étais évidemment amoureuse de cette Solange. Elle n'a pas manqué de le remarquer et a tenu la distance qu'elle jugeait nécessaire, sans me blesser. En répondant toujours aux questions que je ne manquais pas de poser, pendant le cours, et bien sûr à la fin du cours... J'ai eu les meilleures notes en histoire et en géographie de toute ma scolarité. Si je l'avais eue comme prof en première et en terminale, j'aurais peut-être fait des études d'histoire plutôt que de lettres.

Mais à la fin de l'année scolaire, catastrophe. Elle partait pour une autre ville. J'ai obtenu son adresse privée. Je suis allée la voir pour lui dire au revoir. Je me demande aujourd'hui comment j'ai eu un tel culot. Comment j'ai osé sonner à sa porte sans qu'elle soit prévenue. Elle était au milieu de ses cartons de déménagement, elle avait les cheveux défaits, elle n'allait pas bien – j'ai compris plus tard qu'elle partait à cause d'une rupture amoureuse. Mais elle a été parfaite, chaleureuse, réconfortante. M'incitant à ne pas céder sur mon désir. Elle savait que je voulais être journaliste et qu'on faisait tout pour me décourager – femme, provinciale, pas née dans la bourgeoisie, donc pas de contacts dans le milieu journaliste. Elle m'a recommandé de continuer à lire scrupuleusement *Le Monde*, comme elle l'avait conseillé en classe.

L'année suivante était 1968. Mon chagrin s'est donc dissipé dans l'agitation de mai. Il y avait beaucoup à faire pour secouer ce lycée de filles, où les profs du genre de Solange n'étaient pas légion.

Je n'ai pas fait d'études d'histoire. Mais je suis devenue journaliste. Et quand j'ai signé mon contrat au *Monde*, en 1977, c'est à elle que j'ai pensé. Puis j'ai dû l'oublier. Jusqu'à ce jour de 1987 où Marguerite Yourcenar, dans son jardin du Maine, m'a demandé qui m'avait soutenue dans mon projet de devenir journaliste. Alors j'ai décidé que je devais tenter de revoir cette Solange, qui, en même temps que je lisais Simone de Beauvoir et pensais qu'on pouvait inventer sa vie, construire sa liberté, m'avait, d'une certaine manière, tenu la main.

J'ai enquêté. J'ai trouvé son adresse, dans le petit village de l'Indre où elle s'était installée depuis qu'elle était en retraite. Je lui ai écrit. Je ne me souviens plus de ce que j'ai dit. Sans doute qu'elle ne se souvenait pas de moi, mais que j'avais eu une passion pour elle, et qu'au fond, elle avait changé ma vie, puisque j'étais devenue journaliste, comme elle m'avait encouragée à le faire. Elle m'a répondu qu'elle me lisait régulièrement dans *Le Monde* et n'avait pas oublié notre année commune au lycée. Sa dernière année dans ce lycée. Elle ajoutait qu'elle aurait plaisir à me revoir.

Je lui ai rendu visite à plusieurs reprises, pendant trois ou quatre ans. Elle vivait avec une femme. Je restais pour le week-end. A ma première visite, quand elle a ouvert la porte, j'ai eu un léger mouvement de recul. Elle était toujours très belle, mais avait les cheveux... courts. Elle a compris et a simplement dit : « A un certain âge, avoir les bras en l'air pour confectionner un chignon devient une épreuve. »

On a beaucoup parlé des relations personnelles que peuvent avoir un enseignant et un élève. De la manière dont le prof doit se comporter, surtout si lui-même a de l'affection – voire plus – pour l'élève. On s'est aussi beaucoup amusées de ces retrouvailles improbables.

Un jour, elle m'a écrit qu'elle partait seule pour Pau, où vivait son frère. Décidément, fuir était dans sa manière. Elle n'a pas donné son adresse. Je ne l'ai jamais revue. Etant donné mon âge aujourd'hui, et notre différence d'âge, elle n'est certainement pas en vie. Je ne vais pas enquêter pour m'en assurer. Mais elle demeure le plus beau souvenir de tout mon parcours scolaire. Et quand j'ai quitté *Le Monde*, en 2017, c'est à elle que j'ai pensé. Comme si elle avait accompagné toute cette aventure.

Romancier, Jean-Guy Soumy a enseigné les mathématiques à l'Ecole normale de Guéret puis à l'IUFM du Limousin. Son dernier roman, *Une femme juste,* a paru aux Presses de la Cité (2020).

Madame R.

Jean-Guy Soumy

Le groupe de lectrices est déjà là, qui m'attend. Elles vous ont toutes lu, me souffle la responsable de la bibliothèque. Face aux chaises en arc de cercle, je suggère de déplacer la table sur laquelle est posée une bouteille d'eau, de manière à ce qu'aucun obstacle ne me sépare de mon auditoire. Mon regard cherche à accrocher quelques visages. Qu'il est hasardeux de parler d'un livre que l'on a écrit !

Je commence par évoquer le thème du roman, la manière dont il s'est imposé à moi. Puis les difficultés, les moments de doute… Je suis attentif aux réactions, guettant les signes de curiosité ou d'ennui. Et, très vite, j'invite le public à me poser des questions. Une femme lève la main.

Pourquoi écrivez-vous, oui, qu'est-ce qui vous a poussé à écrire ?

C'est une question à laquelle il est bien difficile de répondre, madame. Mais je crois cependant que si toute ma vie je n'ai jamais cessé d'aimer les livres et d'écrire, c'est grâce à une femme. Elle s'appelle madame R. Elle est très âgée aujourd'hui et le petit garçon de CP qu'elle a eu comme élève dans les années cinquante, au visage criblé de taches de rousseur et en culotte courte, est là devant vous. A l'époque, c'était une jeune institutrice, tout juste sortie de l'Ecole normale, et il est possible que ce poste, dans mon village, ait été sa première affectation. Peut-être même craignait-elle d'échouer à nous apprendre à lire, écrire et compter. Ne l'avait-on pas prévenue, les enfants des campagnes ont la tête dure ? D'une certaine manière, il s'agissait pour nous de deux commencements.

Lorsque je pense à elle aujourd'hui, elle est toujours mince et jolie, les cheveux châtains, dans une blouse boutonnée qu'elle serrait à la taille par une ceinture sage. Parfois, il me semble me souvenir du parfum de savon qui l'enveloppait. De la tessiture de sa voix aussi. J'imagine la patience qu'elle a déployée pour que la demi-douzaine de gosses en sarraus, assis à leurs pupitres en bois, soient capables de lire en quelques mois. La méthode de lecture utilisée s'intitulait *Poucet et son ami l'écureuil*[1]. Poucet vivait au cœur d'une forêt, dans une maisonnette au toit rouge percé de deux lucarnes, près d'un père et d'une mère aimants, dans un univers qui nous renvoyait à ce que nous connaissions : le village, les animaux, le travail dans les bois, les saisons, la pêche, la rivière... Mais transposé si puissamment qu'il m'apparut très vite que cette distorsion du réel avait pour moi plus de force, plus de saveurs que la réalité dont elle s'inspirait. Les saynètes mettant Poucet en situation relevaient d'un rêve qu'il faisait bon traverser. Oui, c'est madame R. qui m'a fait entrevoir l'infinie richesse de la chose écrite, cet ailleurs présent en nous dans lequel je pouvais me

---

1. Méthode de lecture, R. Charlot et H. Géron, 1956, Editions Rossignol.

mouvoir sans la lourdeur d'un corps, sans la tyrannie des contingences, hors la laideur du monde.

Rien de cela n'aurait été possible s'il n'y avait eu la délicatesse de madame R. Je n'ai pas le souvenir qu'elle m'ait vraiment grondé et pourtant je dus le mériter. Sous son regard, la connaissance devenait désirable. Il n'y avait pas d'aridité dans les exercices qu'elle proposait ou alors je ne la percevais pas. Je lui faisais confiance. Les jongleries de la conjugaison, la subtilité des accords, les règles de grammaire que nous récitions en chantonnant relevaient d'un jeu. J'avais envie de m'y ébattre parce que cet espace était libre. Sans gravitation. Désincarné et pourtant bien existant, il permettait un pas de côté. Et dans l'effort d'apprendre, je discernais quelque chose qui renvoyait à la conquête et à la joie.

Certes, ce n'était pas toujours sans déconvenues et il m'arrivait d'échouer. Madame R. ne se mettait jamais en colère. Ainsi, lorsque les lettres sur mon cahier d'écriture étaient trop incertaines, elle s'asseyait sur le banc à côté de moi, sa taille fine lui permettant de se glisser dans un monde à mon échelle. Elle prenait ma menotte et la guidait pour tracer des calligraphies que, blotti contre elle, je me félicitais d'avoir malmenées. Je me demande à présent si la séduction qu'en toute innocence elle exerçait sur l'enfant que j'étais n'a pas induit dans mon esprit l'idée que la langue écrite appartient au registre du féminin. Si ce n'est pas pour cela, aujourd'hui encore, que j'aborde l'écriture avec les précautions d'un homme allant au-devant d'une rencontre amoureuse.

Il faut dire que madame R. n'enseignait pas seule. Elle avait une aide précieuse : une chatte tricolore. Certains jours, au retour de la récréation, celle-ci se glissait dans la classe. Par sa seule présence animale, elle témoignait du fait que la vie ne se réduisait pas aux livres et aux leçons. Lorsque la mélancolie m'effleurait – si je m'ennuyais peu, il m'arrivait cependant d'être triste –, consolatrice elle venait vers moi. J'ai encore le souvenir de son dos ondulant, de son cou, de ses moustaches frôlant mes jambes nues sous le pupitre. Me caressant les mollets. La belle tricolore enrichissait ma condition d'élève du trouble de se savoir choisi.

Alors, oui, madame, je peux dire que ce fut pour moi une chance que de faire mes premiers pas d'écolier sous le regard tendre, amusé et bienveillant de cette maîtresse. Si je suis devant vous ce soir, si n'ayant guère le talent de vivre j'use de l'écriture pour exister, c'est à elle que je le dois. Et bien des fois, au moment d'écrire, ma main se niche dans la conque de sa paume. Et ses doigts, posés sur les miens, guident encore mes mots.

Romancier, critique littéraire, Yves Viollier a été professeur de français. Il publie aux Editions du Signe *La Vendée : une histoire entre terre et mer* (dessin François Ruiz).

John et François
Yves Viollier

Les anciens secondes nous avaient parlé de lui, à quelques jours de la rentrée de septembre.

— S'il y en a un qu'on vous souhaite, c'est François Chalet !

Nous l'avions déjà croisé dans les couloirs du lycée. Mais nous avions surtout repéré sa photo dans les journaux. Deux ouvriers maçons s'étaient tués en tombant de l'échafaudage de construction du nouveau château d'eau à la sortie de la ville. François Chalet avait défilé à la manifestation contre l'entreprise dont les barrières de protection étaient insuffisantes. On le voyait en première ligne, portant la banderole : « Un ouvrier vaut plus que tout l'or du monde ». Que faisait un professeur de lettres à une manifestation ouvrière ?

Il est entré en classe, en costume gris, col de chemise ouvert, sans cravate, relativement petit, râblé, l'allure plutôt d'un paysan d'ici qui va arpenter ses champs. Il nous a dit que, sans doute, la philosophie, la religion pour certains, la politique, hum..., mais si nous voulions découvrir des voies nouvelles, nous étions sûrs de les trouver dans la littérature. A ce moment-là ses petits yeux très noirs ont brillé. J'ai regardé mon voisin Guillaume. Est-ce que Chalet avait les larmes aux yeux ?

Jusque-là, en troisième et quatrième, les cours de français c'était hémistiche, césure, alexandrins, « A moi, comte, deux mots ! », pas si mal, classique, j'aimais bien le français, nous somnolions, plan-plan. Il s'est installé au bureau, au cours suivant, et le cartable posé à côté de lui, il a commencé à chanter sur l'air de « Allez, venez, Milord ! » :

« Quand vous serez bien vieille, au soir, à la chandelle,

Assise auprès du feu... »

Il a chanté comme ça tout le poème. De ses gros poings serrés, il battait le rythme sur le bureau, et il pleurait. Et nous le regardions, effarés. Nous n'osions pas nous regarder. Quand il s'est tu après le dernier mot, il y a eu un long silence, il nous a souri.

— Oui, Ronsard, ça peut se chanter !

De ses doigts, il a essuyé ses joues et ses yeux mouillés sous ses lunettes.

— Prenez votre livre.

Tout d'un coup, c'était pour nous une révélation, avec lui un grand courant d'air neuf venait d'entrer dans la classe. La leçon de français n'était plus seulement l'apprentissage d'une matière froide que nous essayions laborieusement de disséquer. L'émotion, les sentiments, la passion y avaient leur place. Nous nous sommes passionnés. Et il a continué. Il est venu en classe avec des livres qui n'étaient pas encore au programme. Il nous a apporté *Antigone*. Il nous a fait répéter sur la scène : « Je veux être sûre de tout aujourd'hui et que cela soit aussi beau que quand j'étais petite – ou mourir. » Et il pleurait ! Nous aurions alors suivi cet homme au bout du monde. Nous découvrions aussi, à demi-mot, qu'il avait une vie engagée à l'extérieur. Il nous a apporté Prévert. Il nous a apporté *Le Désert des Tartares*. Nous étions soulevés par un torrent de mots et d'aventures nouvelles. Nous avons tous été le lieutenant Drogo qui se rêve en héros aux frontières du « Royaume ». Il nous a donné le recueil *La Négresse blonde* de Georges Fourest et a dépoussiéré pour nous Corneille avec le sonnet *Le Cid*, il a pris la voix de Chimène : « Qu'il est joli garçon l'assassin de papa ! »

Quand j'ai vu, quelques années plus tard, *Le Cercle des poètes disparus*, j'ai tout de suite reconnu le professeur-héros interprété par Robin Williams. J'avais eu la chance moi aussi de rencontrer mon John Keating. François Chalet nous avait fait à sa manière monter sur nos tables, « O Capitaine ! mon Capitaine ! », et il nous a illuminés du pouvoir des mots. Il n'a pas eu peur de pleurer. Je crois que, si je suis devenu écrivain, c'est grâce à lui.

J'ai appris, à cette époque-là, qu'il n'enseignait plus. Avec sa femme assistante sociale, il était à Paris, directeur du Nid, foyer d'accueil pour les personnes prostituées.

Michel Winock a été professeur d'histoire-géographie au lycée. Spécialiste de l'histoire politique et intellectuelle de la France aux XIXe et XXe siècles, il est aujourd'hui professeur émérite des Universités à Sciences Po (Paris). Son dernier ouvrage, *Jours anciens*, vient de paraître chez Gallimard.

Mort au combat
Michel Winock

Ce qui s'est passé le vendredi 16 octobre, à la sortie d'un collège de Conflans-Sainte-Honorine, et dont Samuel Paty, professeur d'histoire-géographie, a été victime, réactive en nous tous un élan impérieux de solidarité.

Ancien professeur de lycée moi-même, ma pensée se porte vers mes collègues. Mes années d'enseignement ont commencé au lycée Joffre de Montpellier au début des années 1960, en pleine guerre d'Algérie. Nombre de mes élèves venaient d'Afrique du Nord ; chez beaucoup d'autres, sympathisant avec l'OAS, le mythe de l'« Algérie française » ne supportait pas la contradiction. Je me souviens d'avoir fait une leçon sur la décolonisation que je définissais comme un phénomène planétaire auquel aucune puissance coloniale ne pourrait échapper. J'eus droit à quelques lettres anonymes, à quelques menaces. Le domicile d'un de nos collègues, responsable syndicaliste, fit l'objet d'un plasticage – sans dommage physique, heureusement. Le climat fut particulièrement tendu en 1962, l'année des accords d'Evian et des ultimes attentats de l'OAS. Peu de jours avant le cessez-le-feu, à Alger, six fonctionnaires de l'Education nationale, dont le plus connu était Mouloud Feraoun, furent massacrés au cours d'une séance de travail. Mouloud Feraoun, ancien instituteur, inspecteur des Centres sociaux, était un écrivain kabyle, un romancier et un poète. Il écrivait dans son Journal (posthume), à la date du 1er février 1962, à propos d'un enseignant assassiné : « On songe, bien sûr, au malheureux collègue abattu devant ses élèves. De tels spectacles nous replongent dans la barbarie et on se demande si vraiment l'homme du XXe siècle qui fait le tour de la terre dans une fusée téléguidée n'est pas demeuré sur un autre plan l'homme figé des siècles révolus. » Ce Journal, il avait voulu le publier pour « témoigner » ; son éditeur avait hésité : n'était-ce pas courir un danger au moment où les passions s'exaspéraient ? Emmanuel Roblès, son ami, partageait ces craintes. Feraoun lui avait répondu : « S'il ne paraît pas en ce moment, on m'accusera plus tard de lâcheté et alors il vaudra mieux qu'il ne paraisse jamais. »

Le 19 mars, une minute de silence avait été décidée dans tous les établissements scolaires, précédée par la lecture d'un texte : « Leurs noms s'ajoutent à la longue liste des maîtres qui, en Algérie, sont tombés au service des valeurs spirituelles et morales qu'enseigne l'Université française... » J'ai noté dans mon propre journal qu'au lycée cinq élèves de terminale furent exclus pour avoir refusé de s'associer à la minute de silence. Dans certaines classes, ce furent des enseignants qui se réfugièrent dans l'abstention.

J'évoque ce souvenir non pour comparer l'incomparable : les années qui ont suivi la fin de la guerre d'Algérie ont été celles d'un apaisement propice à enseigner dans la sérénité. Le drame avait eu lieu ; il était terminé après les derniers soubresauts des *desperados* de l'Algérie française. Mais le métier de prof n'est pas rembourré de douceurs ; il est des moments où enseigner n'est pas sans risque. Alors, il appartient à la communauté scolaire et à l'autorité politique d'assurer aux enseignants leur pleine liberté d'enseigner. Trop souvent, le professeur est seul. Se sentir appuyé, défendu, protégé dans sa tâche ne doit pas être sujet à caution. Les chefs d'établissement sont au premier rang responsables de ce soutien.

On ne peut plus laisser seuls les professeurs, en face des intrusions abusives de certains parents. On ne peut les laisser seuls face aux activités délétères des réseaux sociaux, véritable *Cloaca maxima* (le grand égout), où des élèves prennent un lâche plaisir à les brocarder, les insulter, les menacer. Ils peuvent devenir de redoutables instruments de délation, des relais de chantage, des pousse-au-meurtre, comme nous venons d'en prendre conscience avec le processus de mise à mort de Samuel Paty.

Un fléau connexe est celui de l'autocensure. En mars 1962, donc, un certain nombre de collègues refusèrent d'imposer à leurs élèves la minute de silence demandée par le ministre de l'Education nationale. Ils ne voulaient pas, expliquaient-ils, « faire de la politique ». Le vrai est qu'ils subissaient une pression de la part d'une partie de leurs élèves et des parents. Aujourd'hui, les sondages d'opinion révèlent les ravages de l'intimidation d'origine islamiste : une forte minorité d'enseignants avoue éluder certaines parties des programmes qui pourraient fâcher des élèves. Nous retrouvons ici les effets de la solitude et du défaut de solidarité. Nous n'insisterons jamais assez sur les conditions d'enseigner. Proclamer des principes ne sert de rien si l'institution scolaire n'est pas en mesure d'assurer solidarité et protection aux femmes et aux hommes qui exercent leur métier.

L'exercice de la liberté d'expression ne va pas de soi pour les jeunes esprits mieux disposés aux certitudes, religieuses et autres, qu'au dialogue. C'est une véritable pédagogie de la liberté qui doit être entreprise ou, plus exactement, généralisée car l'exemple de Samuel Paty montre que nombreux sont les enseignants qui s'y appliquent. Mais cet exercice de tous les instants implique une formation, scientifique, morale et psychologique. Il est notable que nombre d'esprits s'avouent flottants sur la laïcité, un des piliers de l'esprit républicain. Il existe un grand malentendu entre de nombreux musulmans et la laïcité, qu'ils prennent comme un rejet de la religion. On doit arrêter ces vacillations ; montrer que la laïcité n'est pas un acte de guerre mais au contraire une manière éprouvée de faire vivre ensemble pacifiquement « ceux qui croient au Ciel et ceux qui n'y croient pas » ; expliquer son histoire, mettre en avant son caractère positif et ses implications à l'école...

Samuel Paty a été un de ces pédagogues de la liberté. Il en est mort, assassiné. Son nom restera gravé dans nos mémoires comme un symbole de lumière par temps d'obscurantisme et de frénésie meurtrière.

Chargée de mission au Quai d'Orsay puis au ministère de l'Intérieur, Sylvie Yvert se consacre désormais à l'écriture. Son dernier roman, *Une année folle*, a paru en 2019 aux Editions Héloïse d'Ormesson.

Le prince des poètes
Sylvie Yvert

*A la mémoire
de Christine-Claire Radulescu*

Ça commençait comme ça :

*Alentour naissaient mille bruits
Mais si pleins encor de silence
Que l'oreille croyait ouïr
Le chant de sa propre innocence.*

*Tout vivait en se regardant,
Miroir était le voisinage
Où chaque chose allait rêvant
A l'éclosion de son âge.*

Les palmiers trouvant une forme
Où balancer leur plaisir pur
Appelaient de loin les oiseaux
Pour leur montrer des dentelures.

J'avais treize ans, l'âge où les vers envahissent tout : les cahiers, les murs des chambres, l'esprit, ou plutôt l'âme, mais aussi le corps, la chair même. Car la poésie est un chant ; elle doit se dire. C'est pourquoi cette « prof » de lettres avait décidé de donner lecture de ce poème de Jules Supervielle : « Le matin du monde », tiré des *Gravitations* (1925). Le « prince des poètes », un original demeuré en marge des surréalistes et mort quinze ans plus tôt, venait de se placer sur mon chemin. Je m'en souviens comme si c'était hier.

J'avais treize ans et je me retrouvais soudain embarquée sur ses vagues jusqu'au plein ciel, au rythme du « cœur astrologue » d'un poète prophète ; j'entendais les sons de cette aube presque tropicale qui marquait « les frontières de la campagne » : c'était un court-métrage, mais en 4D !

Mon prof, ce héros

Ça continuait comme ça :

*Un cheval blanc découvrait l'homme
Qui s'avançait à petit bruit,
Avec la Terre autour de lui
Tournant pour son cœur astrologue.*

*Le cheval bougeait les naseaux
Puis hennissait comme en plein ciel
Et tout entouré d'irréel
S'abandonnait à son galop.*

*Dans la rue, des enfants, des femmes,
A de beaux nuages pareils,
S'assemblaient pour chercher leur âme
Et passaient de l'ombre au soleil.*

J'avais treize ans, j'étais mauvaise élève, sauf en français (et en gym !), parce que je m'ennuyais à mouriiiiir en classe. Ma chance ? D'abord celle d'être littéralement née dans les livres, comme Obélix dans sa marmite : mon père, expert en livres anciens, vit encore au milieu de bibliothèques-tours, où beaucoup d'ouvrages se trouvent en cinq exemplaires. De ces rayonnages au kilomètre quasi sacrés, envahissants – il y en avait à cette époque jusque dans la salle de bains – il jurait, à l'effroi de tous, qu'en cas d'incendie, ne pouvant leur survivre, il prendrait place au milieu du bûcher. Bien que déjà grande lectrice, j'ai alors paraît-il assuré que jamais je n'épouserais un homme amoureux des livres. Haha. J'ai épousé un historien qui est devenu éditeur.

J'avais treize ans et j'aimais déjà les vers – j'en écrivais en secret depuis un an –, mais cette fois il s'agissait d'un coup de foudre littéraire. Beaucoup plus tard, ont suivi Louis-René des Forêts puis Mohamed Hmoudane. J'aime tant la poésie que je ne peux l'absorber que par fragments. Comme le plaisir, au-delà d'une certaine limite, elle peut devenir douleur.

J'avais treize ans, l'âge où l'on quitte les petites strophes enfantines pour aborder des terres plus nobles. Cette passeuse-là m'y a conduite. Il a suffi d'une proposition de lecture, où son plaisir à elle affleurait très nettement. Ce virus-là est aussi contagieux que les autres.

Ça finissait comme ça :

Mille coqs traçaient de leur chant
Les frontières de la campagne
Mais les vagues de l'océan
Hésitaient entre vingt rivages.

L'heure était si riche en rameurs,
En nageuses phosphorescentes
Que les étoiles oublièrent
Leur reflet dans les eaux parlantes.

Le cœur de cet hommage, où je suis un peu gênée de parler à la première personne, consiste avant tout à mentionner en tête de ces lignes le nom complet de cette « prof », hélas disparue il y a cinq ans et qui aurait tant apprécié cette marque de reconnaissance éternelle d'une élève ; au moins celui-ci est désormais gravé dans le marbre blanc du papier. Je n'ai jamais perdu de vue cette femme passionnée, qui attendait avec enthousiasme mon premier roman...

Christine-Claire Radulescu ne m'a pas fait découvrir la poésie, mais un poète qui allait m'accompagner toujours. Deux ans plus tard, je découvrais dans la bibliothèque des parents d'une amie son recueil intitulé *Les Amis inconnus* de la NRF, dans la célèbre collection de poche Poésie/ Gallimard, aussitôt acheté, lu et relu, corné, annoté, recopié, dévoré. Je l'ai toujours conservé. Il représente aujourd'hui une manière de relique assez peu bibliophilique.

L'histoire n'est pas finie ; quelques années après, j'ai commencé une collection consacrée à mon auteur fétiche, écumant les catalogues de libraires de livres anciens ou bien les ventes aux enchères, parvenant à réunir en quelques années lettres autographes, premiers jets de poèmes, photographies (en particulier des « portraits » de ses mains magnifiques), éditions originales, grands papiers. Cette collection a été plus tard vendue à la municipalité d'Oloron-Sainte-Marie, dans les Pyrénées-Atlantiques, dont sa famille est originaire… et où un lycée porte son nom.

Jusqu'où va se loger dans le cœur d'une adolescente de treize ans la simple lecture de quelques vers au collège ? Jusqu'où cela la conduit-il ? En des temps où nos professeurs ont bien des malheurs, bien des raisons de désespérer, il me semble qu'il y

a là un espoir à ne jamais perdre de vue :
quand bien même un seul élève est touché,
la vocation, récompensée au centuple, se
voit pleinement justifiée.

Pour finir, j'aimerais poser une question :
où est passée la noble poésie ? Pourquoi
n'est-elle plus l'actrice principale de notre
littérature ? Il me semble que presque plus
personne n'en lit – ni n'en publie. Chacun
donne une explication mais pour ma part je
n'ai pas de réponse. Je déplore, c'est tout.
J'ai tout de même susurré des vers à notre
aîné lorsqu'il était bébé, pour prendre les
devants en attendant les Christine-Claire
Radulescu à venir.

et...

Elu en 1973 à l'Académie française, Jean d'Ormesson était normalien et agrégé de philosophie. Il a écrit notamment *Au plaisir de Dieu, La Douane de mer, Un jour je m'en irai sans en avoir tout dit* et *Et moi, je vis toujours.* Il est mort en 2017. Son livre-testament, *Un hosanna sans fin,* a paru aux Editions Héloïse d'Ormesson en 2018.

45, rue d'Ulm

Jean d'Ormesson

Je suis passé presque sans intermédiaire des jupes de ma mère à l'hypokhâgne et à la khâgne du lycée Henri-IV qui préparaient au concours de la légendaire Ecole normale supérieure. […]

Le décor changeait. Aux chauffeurs d'ambassade, aux valets de pied de la République en habit à la française, aux piqueurs de Saint-Fargeau, à mes oncles en leggins et en tweed et à ma grand-mère dans ses vastes châles noirs qui portaient le deuil de la monarchie guillotinée succédaient Boudout, Dieny, Hyppolite et Alba.

C'étaient de grands professeurs. Sec, coupant, peu agréable au premier abord,

Mon prof, ce héros

merveilleux avec moi, Victor Alba avait été trépané et gardait un trou sur le devant de son crâne. Il avait connu son heure de gloire en révisant les manuels d'histoire de Malet et Isaac qui avaient constitué la bible de plusieurs générations d'étudiants. Dieny, qui nous enseignait la Grèce ancienne, son histoire, sa langue et la topographie de la Rome républicaine et impériale, était un rêveur d'une délicieuse maladresse, empêtré dans ses fiches sous nos hurlements de rire. Plus proche de Proust qui croyait aux livres que de Sainte-Beuve qui s'intéressait aux existences et à leurs accidents, Jean Boudout m'a appris à lire. Il prenait un texte de quelques lignes et il nous le confiait pendant une heure ou pendant une semaine pour lui tordre le cou. Il s'agissait de tirer de ces quelques mots tout ce qu'il était permis d'en attendre. Quand nous les rendions à Boudout, ils étaient à bout de souffle, exsangues, pressés comme des citrons : ils avaient tout avoué. Jean Hyppolite était le plus célèbre de nos maîtres. Il avait traduit de l'allemand *La Phénoménologie de l'esprit* et passait pour le meilleur connaisseur en France de la pensée difficile de Hegel.

Je ne comprenais presque rien de ce qu'il nous disait et je l'écoutais avec passion. Il souffrait d'asthme et il nous récitait d'une voix sifflante, en reprenant avec peine une respiration pleine d'hésitations qui donnait à sa diction quelque chose de pathétique, *La Jeune Parque* de Valéry :

Qui pleure là, sinon le vent simple,
à cette heure
Seule, avec diamants extrêmes ?...
Mais qui pleure,
Si proche de moi-même
au moment de pleurer ?...

Tout-puissants étrangers,
inévitables astres
Qui daignez faire luire
au lointain temporel
Je ne sais quoi de pur et de surnaturel...

Salut ! Divinités par la rose et le sel,
Et les premiers jouets
de la jeune lumière,
Iles !...

A eux quatre, avec quelques autres – Jankélévitch, Bachelard, Merleau-Ponty, Jean Wahl, Guéroult, Gouhier, Canguilhem,

Etienne Gilson, Alquié… dont je lisais les livres avec une bonne volonté touchante –, la constellation Hyppolite, Boudout, Alba, Dieny m'a introduit dans un royaume inconnu, très éloigné des neiges des Carpates et des Alpes de Bavière, des longues plages d'Ipanema et de Copacabana, de la chasse à courre et des valets de chiens dans les forêts de Puisaye et dont personne ne m'avait jamais rien raconté : le royaume de la pensée, le royaume du langage, de la parole et des mots.

Remerciements

A tous les auteurs qui ont contribué à ce recueil.

Ils ont répondu présent, immédiatement, et généreusement.

Et à Héloïse d'Ormesson qui nous a proposé, dès qu'elle a su que nous avions lancé ce livre, que Jean d'Ormesson figure parmi eux car « il aurait absolument voulu y être ».

*Composition et mise en pages
Nord Compo à Villeneuve-d'Ascq*

L'éditeur de cet ouvrage s'engage dans une démarche
de certification FSC® qui contribue à la préservation
des forêts pour les générations futures.

Pour en savoir plus :
www.editis.com/engagement-rse/

Achevé d'imprimer en novembre 2020
par Normandie Roto Impression s.a.s.
61250 Lonrai (Orne)
N° d'imprimeur : 2004321
Imprimé en France